HANDBUCH KINDER IN DER PERMAKULTUR

Grundlagen, Ideen und Projekte für eine ganzheitliche Bildung im Einklang mit der Natur

LUSI ALDERSLOWE
GAYE AMUS
DIDI A. DEVAPRIYA

1. Auflage 2023

ISBN: 978-3-258-08325-4

Wir verwenden FSC®-Papier. FSC® sichert die Nutzung der Wälder gemäß sozialen, ökologischen und ökonomischen Kriterien
Gedruckt in Slowenien

Die englische Originalausgabe erschien 2018 unter dem Titel „Earth Care, People Care, and Fair Share in Education. The Childen in Permaculture Manual" durch das Projekt „Children in Permaculture". Dieses ist eine Kooperation der folgenden Organisationen:
Permaculture Association (Britain) (Vereinigtes Königreich)
Paradiso Ritrovato (Italien)
Asociatia Romania in Tranzitie (Rumänien)
Asociatia Educatiei Neoumaniste (Rumänien)
Drušvo za permakulturo Slovenije (Slowenien)
Základní článek Hnutí Brontosaurus Forest (Tschechische Republik)
Gatehouse Primary School (Vereinigtes Königreich)
Webseite: www.childreninpermaculture.com

Autorinnen: Lusi Alderslowe, Gaye Amus, Didi A. Devapriya
Beitragende: Valentina Cifarelli, Crina Cranta, Cecilia Furlan, Tomislav Gjerkeš, Adéla Hrubá, Lara Kastelic, Tereza Velehradská
Herausgeber der deutschen Ausgabe: Verein „Kinder in der Permakultur-Schweiz"
Grafik: Oana Bădică
Illustrationen: Charlene Chesnier, Lerryn Korda
Übersetzung ins Deutsche: Marie Awe
Projektleitung: Ivo Hutzli
Projektteam: Kerstin Funk, Corsin Gartmann, Angelika Müller, Ruth Sauter
Satz der deutschen Ausgabe: Die Werkstatt Medien-Produktion GmbH, Göttingen

Dieses Projekt hat Finanzhilfen von Erasmus+ erhalten.
Die Unterstützung der Europäischen Kommission für die Erstellung dieses Buch ist nicht gleichzusetzen mit einer Billigung der Inhalte, die allein die Ansichten der Autorinnen wiedergeben. Die Kommission kann nicht für die Verwendung der hierin enthaltenen Informationen verantwortlich gemacht werden.

Wir verlegen mit Freude und großem Engagement unsere Bücher. Daher freuen wir uns immer über Anregungen zum Programm und schätzen Hinweise auf Fehler im Buch, sollten uns welche unterlaufen sein. Falls Sie regelmäßig Informationen über die aktuellen Titel im Bereich Natur erhalten möchten, folgen Sie uns über Social Media oder bleiben Sie via Newsletter auf dem neuesten Stand!

www.haupt.ch

TESTIMONIALS

„Earth care, people care and fair share" [engl. Titel des vorliegenden Buches] können als Grundsätze für alle Jahreszeiten und Berufe dienen. Diese Philosophie kann die Welt verändern, wenn sie Teil des Lebens von genügend Kindern und der Erwachsenen, die sich um sie kümmern, wird."

— RICHARD LOUV, Autor von „Vitamin N", „Das Prinzip Natur", und „Das letzte Kind im Wald?: Geben wir unseren Kindern die Natur zurück!"

„Dies ist ein Buch seiner Zeit, das viel mehr als nur die Fähigkeiten und das Wissen vermittelt, mit dem wir für eine hoffnungsvollere und widerstandsfähigere Zukunft sorgen können. Es bietet Anleitung und Unterstützung für Lehrende, die Kinder heute auf eine, wie sich zeigt, schwierige Zukunft vorbereiten sollen.

Das Handbuch ist gut geschrieben und gut recherchiert und spricht zu uns mit wissenschaftlicher Glaubwürdigkeit, guter Pädagogik und einem Verständnis dafür, wie man Kinder durch eine umfassende Lernreise in der Natur führt. In dem Buch wird erklärt, wie alle Bereiche des Curriculums in relevanten und authentischen Lernsituationen mit Leben erfüllt werden können, die von Aktivitäten, in denen die Lehrenden im Mittelpunkt stehen, zu kindgeleiteten, praktischen Erfahrungen übergehen. Ein Muss für jede Schule!

— JANET MILLINGTON und CAROLYN NUTTAL, Autorinnen von „Outdoor Classrooms – A Handbook for School Gardens".

„Durch die liebevollen Illustrationen und lebendigen Vorschläge für Aktivitäten wird dieses Buch dabei helfen, Kinder in Gemeinschaft mit der Erde und einander in Verbindung zu bringen."

— PRF. ALASTAIR MCINTOSH, Autor von „Soil and Soul"

„Das Handbuch ist sehr gut geschrieben und deckt alle Bereiche der Permakultur ab. Es wird die Lehrenden überzeugen und bietet auch vieles für Lehrer:innen. Lehrer:innen sollten mehr lernen als nur den Anbau von Sommergemüse. Es ist Zeit für dieses Buch, tatsächlich wäre es schon vor fünf Jahren nützlich gewesen."

— Rosemary Morrow, Autorin von „Earth User's Guide to Permaculture" und Mitbegründerin des Blue Mountains Permaculture Institute.

„Voll von praktischen Beispielen dafür, wie man Kinder dabei unterstützt, zu sich selbst, zu anderen und dem Wachstumszirkel eine Verbindung aufzubauen. Dieses Handbuch zeigt den Bereich der Permakultur, der für Kinder relevant ist, wobei das Gärtnern als Einstiegspunkt für die größeren Probleme der Gerechtigkeit und Verbindung genutzt wird. Geschrieben mit einem so tiefen Gefühl der Fürsorge und Rücksicht für die zukünftigen Generationen, dass es für Eltern und Lehrende gleichsam unverzichtbar ist."

— Looby MacNamara, Autorin von „People and Permaculture" und „7 Ways to Think Differently" und Mitbegründerin des Projekts "Cultural Emergence".

„Das Buch ist insgesamt wohl überlegt, gut geschrieben und eine nützliche Ergänzung für das Bücherregal aller Lehrenden."

— Juliet Robertson, pädagogische Beraterin, Outdoor Learning and Play

„Die Verwendung dieses Buches ist eine großartige Art anzufangen, das Lernen nach draußen zu bringen. Das ‚versteckte Potenzial' im Draußensein sollte viel mehr in die Hände bewusster Lehrender gelegt werden. Dort kann es eine Grundlage für die Entwicklung reflektierter Lernender schaffen und ein Beispiel für aktives kritisches Denken und Wissen darstellen, nicht nur in Europa, sondern in der ganzen Welt. Wer Permakultur mit Kindern machen möchte, sollte dieses Buch lesen, denn ein schlammverschmiertes Kind ist auf gefühlsbetonte und rationale Weise ein glückliches Kind! Ich wünsche allen mit diesem Buch eine schöne, spielerische und ergebnisreiche Zeit im Freien."

— Dr. Anders Szczepanski, Autor von „Outdoor Education", Assistant Professor für Outdoor Education, Universität Linköping Schweden

DANKSAGUNG

Wir möchten diese Gelegenheit nutzen, um den Menschen zu danken, die das Projekt unterstützt haben sowie denjenigen, die bei der Arbeit am Handbuch geholfen haben.

Danke an alle Kinder, unsere eigenen und die, mit denen wir zusammengearbeitet haben und die uns beigebracht haben, wie man Kindern Permakultur vermitteln kann.

Danke an die Menschen, die mit uns an dem Projekt gearbeitet haben: Rakesh „Rootsman Rak“, der uns alle zusammengebracht hat und mithilfe von Soziokratie ein sehr effektives System aufgebaut hat; Roberto Cardinale, der seine Finanzmanagementfähigkeiten sowie seine fröhliche Musik in unsere vielen langen Meetings eingebracht hat; Teodora Demetra Radulescu, die Schönheit in unsere Arbeit eingebracht hat; Eva Dumitrescu, die verspielte Energie in all unsere Arbeitsgruppen getragen hat, und Ionuț Bădică, der sein Wissen über die Gestaltung von Schulgärten beigetragen hat.

Danke an Carolyn Nuttal und Janet Millington, die den weiten Weg von Australien auf sich genommen haben, um ihr wertvolles Wissen und ihre Erfahrung mit Klassenzimmern im Freien mit uns zu teilen.

Danke an all die Menschen, die uns während des gesamten Projekts unterstützt haben: John Riley, Andy Goldring, Pablo Gonzalez, Robin Alderslowe, Luis Alderslowe und Danny Alderslowe.

Danke an all diejenigen, die das Projekt inspiriert haben, bevor es begann: Sandra Campe, Joe Atkinson, Alfred Decker, Joel Rosenberg, Tanja Korvenmaa, Mari Korhonen, Martina Petru, Claudian Dobos, Steve Hart, Lenka Barčiová und Jožica Fabjan.

Danke an alle, die zu unseren Materialen Feedback gegeben haben: Juliet Robertson, Petra Schmitz, Carlotta Fabbri, Nicola Scoccimarro, Francesca Simonetti, Kristina Sever, Dragica Radojevič, Catherine Lewis,

Alena Kohoutová, Niamhue Robins, Lenka Babáčková, Urša Plešnar, Amy Clarkson, Virginia Nistor, Abbie Robyn, Anna Klitzsch, Barbara Terbuc, Silvia Serina, Petra Schmitz, Karen Slattery, Kateřina Tomešová, Lucia, Maccagnola und Dianne Wall.

Danke für die finanzielle Unterstützung durch Erasmus+, ohne die dieses Projekt nicht möglich gewesen wäre.

INHALT

EINFÜHRUNG

„Permakultur ist die harmonische Integration von Landschaft und Menschen, wodurch Nahrung, Energie, Unterkunft und andere materielle und nicht materielle Bedürfnisse auf nachhaltige Art und Weise beschafft und erfüllt werden."

Bill Mollison (1988)

WAS IST PERMAKULTUR?

Permakultur ist ein Gestaltungssystem, das starke, nachhaltige Beziehungen zwischen Menschen und dem Rest der Natur schafft. Die drei ethischen Grundsätze – Sorge für die Erde, Sorge für die Menschen und gerechtes Teilen – werden dabei als Grundlage für das Fällen von Entscheidungen genutzt. Diese Grundsätze werden durch die Prinzipien und Gestaltungsmittel der Permakultur genauer erklärt. Die Grundsätze und Prinzipien können, wenn sie einmal verinnerlicht wurden, als „Brille" für die Gestaltung ganz unterschiedlicher Lebensbereiche verwendet werden. Bei der Integration von Permakultur in die Bildung geht es also entsprechend darum, die „Permakulturbrille" auf alle Aspekte des Bildungssystems, einschließlich der Gestaltung der Lernorte, der Pädagogik, des Lehrplans, des Unterrichts und der sozialen Interaktionen kreativ anzuwenden.

WARUM SOLLTE MAN KINDERN PERMAKULTUR VERMITTELN?

Die Zukunft unseres Planeten hängt von einem Sinneswandel ab, bei dem die Menschen und Ressourcen der Welt nicht mehr als selbstverständlich betrachtet und nicht mehr ohne Rücksicht auf langfristige Folgen ausgebeutet werden. Unterstützt man Kinder schon früh beim Aufbau verständnisvoller, mitfühlender und hilfsbereiter Beziehungen untereinander und zur Natur, ist das ein wichtiger Schritt hin zur Bewirkung dieses Sinneswandels.

Die Kindheit ist ein idealer Zeitraum, in dem Kinder grundlegende Einstellungen zur Welt, unter anderem auch zur Natur und zueinander entwickeln können. Übt man Permakultur zusammen mit Kindern aus, lernen sie Ressourcen zu achten und kreative Wege zu finden, um mit der Welt in Einklang zu leben. Es unterstützt sie außerdem dabei, eine Kultur zu entwickeln, die auf Kooperation und wechselseitigem Wohlstand beruht statt auf individuellem Wettbewerb um begrenzte Ressourcen.

Früher hatten Kinder oft mehr freie Zeit, um draußen zu spielen. Unterdessen verbringen Kinder aber immer mehr Zeit vor Bildschirmen oder bei geregelten außerschulischen Aktivitäten (Larson, Green und Cordell, 2011; Clements, 2004). Verbringen Kinder so wenig Zeit in der Natur, kann das viele negative Auswirkungen auf ihre Entwicklung haben und zu Störungen bei der Sinnesverarbeitung oder zu Konzentrationsstörungen (einschließlich ADHS) sowie zu physischen und psychischen Erkrankungen führen (Taylor, Wiley, Kuo & Sullivan, 1998; Louv, 2005).

Draußen zu spielen hat viele Vorteile. Es bringt mehr Bewegung, erhöht das Wohlbefinden, die Verbindung zur und das Verständnis der Natur sowie Aufmerksamkeit, Konzentration und Selbstbewusstsein. Dies kann das schulische Lernen unterstützen und gleichzeitig Übergewicht und Stress bei Kindern verringern (London SDC, 2011). Weitere Vorteile sind zum Beispiel die Verbesserung der kognitiven Entwicklung von Schulkindern und Verringerung des „Natur-Defizit-Syndroms“, welches das Verhalten von Kindern beeinflusst (Dadvand et al., 2015; Taylor et al., 2011; Louv, 2005). Schließlich kann die Zeit, die Kinder in der Natur verbringen, zu einer positiven Einstellung gegenüber der Umwelt führen, die ihnen erhalten bleibt, wenn sie erwachsen werden (z. B. Collado et al., 2015; Wells und Leckies, 2006).

Der abschließende Bericht zu einem vierjährigen Draußenlern-Projekt, das an 125 Schulen mit insgesamt 40 000 Schüler:innen durchgeführt wurde (Waite et al. 2016), kommt zu folgenden Ergebnissen:

- 92 % der Lehrenden sagten, dass die Schüler:innen draußen mehr am Lernen interessiert waren;
- 85 % der Lehrenden stellten einen positiven Einfluss auf das Verhalten der Schüler:innen fest;
- 92 % der am Projekt teilnehmenden Kinder sagten, dass ihnen der Unterricht im Freien mehr Spaß machte;
- 90 % der Kinder fühlten sich wegen der draußen verbrachten Zeit glücklicher und gesünder.

Es ist wichtig, bewusst Lehrstrategien zu entwickeln, die Kinder dabei unterstützen, eine Beziehung zur und ein Verständnis für die Natur aufzubauen. Dabei reicht es jedoch nicht, einfach nur draußen zu sein. Vielmehr sind dafür auch positive erwachsene Vorbilder notwendig, die Respekt, Bewunderung und eine persönliche Verbindung zur Natur vorleben und Kinder dazu motivieren und dabei unterstützen, ihnen nachzutun.

Während der Schwerpunkt in den meisten modernen Bildungssystemen immer noch auf abstraktem Denken und der Entwicklung von mathematischen und sprachlichen Fähigkeiten liegt, ist unsere Fähigkeit, die Sprache der Natur zu verstehen, geschwunden. Es ist bekannt, dass die Kindheit die optimale Zeit zum Lernen von Fremdsprachen oder Notenlesen ist, da die Gehirne von Kindern darauf ausgelegt sind, multisensorische Informationen aufzunehmen. Ähnlich kann auch die Fähigkeit, natürliche Systeme zu lesen, zu interpretieren und gemeinsam zu entwickeln, in der Kindheit erlernt werden, wenn sie auf eine ansprechende, altersgerechte und konsequente Weise vermittelt wird.

Der vielleicht wichtigste Grund dafür, Permakultur in das Leben eines Kindes zu bringen, ist – zumindest aus der Sicht des Kindes –, dass es Spaß macht! Kinder durch Erlebnisse lernen zu lassen, häufig im direkten Kontakt mit der Natur, ist aufregend, motivierend und faszinierend. Für Kinder verbessert es die gesamte Lernerfahrung und macht das Lernen praktisch und lebendig. Außerdem werden Kinder dadurch gesamtheitlich dabei unterstützt, mit sich selbst, mit anderen und der sie umgebenden Umwelt in Verbindung zu treten.

WO KÖNNEN KINDER DRAUSSEN LERNEN?

Kinder können von dem Besuch eines nahegelegenen Lernorts im Freien profitieren. Dieser kann sich auf dem Gelände des Kindergartens oder der Schule befinden oder ein zu Fuß erreichbarer Ort sein, zum Beispiel ein Wald, ein Gemeinschaftsgarten, ein Park oder ein Bauernhof. Aber auch kleinere Areale eignen sich, solange es viele Möglichkeiten zum kreativen Spielen gibt. Dabei ist jedoch zu berücksichtigen, dass kreatives Spielen „an kargen Orten deutlich weniger auftritt als an relativ grünen Orten" (Taylor er al., 1998). Das inspirierende Buch „Outdoor Classrooms" von Janet Millington und Carolyn Nuttal (2008) enthält viele Ideen, wie Permakultur in Schulen eingebunden werden kann.

WAS IST DER UNTERSCHIED ZWISCHEN ANDEREN FORMEN DER UMWELTPÄDAGOGIK UND PERMAKULTUR FÜR KINDER?

Umweltpädagogik und Erlebnispädagogik tragen bedeutend zu der Entwicklung eines Kindes, seinem Wohlbefinden sowie seinen Lernerfahrungen bei. Permakultur bereichert diese Aktivitäten, indem sie ein vollständiges Set an ethischen Grundsätzen, Prinzipien und Gestaltungsmitteln bereitstellt, die es Menschen ermöglichen, mit der Erde, sich selbst und anderen Lebewesen in Harmonie zu leben und dabei nur einen gerechten Anteil zu nehmen, um ihre Bedürfnisse zu erfüllen. Hat man diese einmal verstanden, können sie flexibel auf verschiedene Bereiche oder Gebiete angewandt werden. Dieses Handbuch unterstützt Lehrende dabei, die ethischen Grundsätze und Prinzipien der Permakultur zu verstehen, und bietet Beispiele für deren Anwendung beim Umgang mit Kindern in einer Vielzahl Lernumgebungen. Das Handbuch ist das Ergebnis eines transnationalen Kollaborationsprozesses, bei dem Lehrende Ressourcen geteilt und eine Vielzahl von Lernumgebungen entwickelt haben. Das Handbuch ist dabei nicht als starres Regelwerk zu verstehen, sondern soll Anregungen geben, die Lernende und Lehrende dazu inspirieren, Permakultur auf kreative Art und Weise an den jeweiligen Ort, die jeweiligen Kinder, an die Erwachsenen und die natürlichen Systeme anzupassen.

FÜR WEN IST DAS HANDBUCH GEDACHT?

Dieses Handbuch richtet sich hauptsächlich an Menschen, die mit Kindern im Alter von drei bis zwölf Jahren arbeiten, also Erzieher:innen und Lehrer:innen in Schulen, Vorschulen, Kitas oder Kindergärten, sowie an jene, die im non-formalen Rahmen, wie Arbeitsgemeinschaften oder Vereinen (z. B. Pfadfinderleiter:innen) arbeiten. Es ist auch für jene gedacht, die bereits Permakultur für Erwachsene lehren und die ihre Arbeit auf Kinder ausweiten wollen, sowie für Eltern (egal ob biologische, Pflege-, Adoptiv- oder Großeltern) und alle anderen, die an der Erziehung von Kindern beteiligt sind. Das Wort „Lehrende" bezieht sich im Folgenden also auf alle eben Genannten.

Das Handbuch ist außerdem ein Arbeitsmittel für die Children-in-Permaculture-Kurse, die von Lehrenden geleitet werden, die den CiP-Kurs für Fortgeschrittene abgeschlossen haben. Weitere Informationen zu den CiP-Kursen finden sich auf der Kontaktseite.

WAS STEHT IN DIESEM HANDBUCH UND WARUM?

Die „Kinder-in-der-Permakultur-Pädagogik", die im ersten Kapitel beschrieben wird, bietet einen Überblick darüber, „wie" man Kinder in die Permakultur einbeziehen kann. Die Pädagogik wird in den Kapiteln zwei und sechs detaillierter erklärt, wobei Kapitel zwei beschreibt, wie man die Prinzipien der Permakultur in der Bildungsarbeit anwenden kann und Kapitel sechs Informationen und Reflexionsfragen bereitstellt, um Lehrende zu unterstützen, die gerne mehr über einen kindbezogenen, pädagogischen Ansatz erfahren möchten.

Der Inhalt oder das „Was" der Permakultur-Pädagogik wird im Curriculum in Kapitel drei vorgestellt. In Kapitel vier wird darauf näher eingegangen, indem Themen und Inhalte aufgezeigt werden, die im Permakultur-Unterricht mit Kindern behandelt werden können. Die Inspirationen für Aktivitäten sind so gestaltet, dass sie Lehrende anregen, Aktivitäten zu ermöglichen, die Kinder ganzheitlich ansprechen.

Die Pädagogik („wie") und der Inhalt („was") fließen auch in die in Kapitel fünf präsentierten Beispiele für Sessionpläne ein, die von Lehrenden so übernommen oder ihren Bedürfnissen entsprechend angepasst werden können. Kapitel sieben enthält Tipps und Ideen, wie Kindergärten oder Schulen Veranstaltungen organisieren können, die eine größere Gemeinschaft ansprechen oder die Erwachsene und Kinder gleichermaßen ansprechen.

KAPITEL I

DIE KINDER-IN-DER-PERMAKULTUR-PÄDAGOGIK

„Das oberste Gebot der Permakultur ist es, für unsere Existenz und die unserer Kinder Verantwortung zu übernehmen“ (Mollison, 1988, S. 1)

DIE KINDER-IN-DER-PERMAKULTUR-PÄDAGOGIK (KIP-PÄDAGOGIK) IST EIN GANZHEITLICHER ANSATZ, DURCH DEN DAS KIND DAZU MOTIVIERT WIRD, SICH UM DIE ERDE, SICH SELBST UND ANDERE MENSCHEN ZU KÜMMERN SOWIE GERECHT ZU TEILEN. DIE PÄDAGOGIK BESCHREIBT DIE GRUNDLEGENDEN PRINZIPIEN, DIE BEI DER INTERAKTION MIT KINDERN ZUM EINSATZ KOMMEN. DAHER GEHT ES MEHR DARUM, „WIE“ MAN PERMAKULTUR MIT KINDERN AUSÜBEN KANN UND WENIGER DARUM, „WAS“ MAN TUT (DIES WIRD IN DEN KAPITELN 3 BIS 5 BESCHRIEBEN).

Die KiP-Pädagogik sorgt dafür, dass alle Bedürfnisse eines Kindes durch das Zusammenspiel von Lernumgebung, Lehrpersonen und Kindern gestillt werden. Das geschieht durch genaues Beobachten, Reflektieren und Stärken des Kindes. Diese kindbezogene Herangehensweise unterstützt einen Lernprozess, der Kopf, Herz, Hand und alle Sinne einbezieht, durch erfahrungsbasiertes Lernen die Widerstandsfähigkeit fördert und es den Kindern ermöglicht, beim Lernen eine aktive Rolle zu spielen. Durch die Arbeit mit der Natur fördert dieser Ansatz auch ein nachhaltiges Handeln, indem er eine Verbindung zur und Respekt für die Umwelt schafft.

Im Folgenden werden die wichtigsten Punkte der KiP-Pädagogik vorgestellt, die schrittweise in das pädagogische Handeln eingearbeitet werden können. Die ethischen Grundsätze bilden dafür den Ausgangspunkt, da diese grundlegend für die Integration von Permakultur in die Bildungsarbeit sind. Die Gestaltungsprinzipien der Permakultur und die detaillierten Richtlinien können dann Schritt für Schritt eingeführt werden, in einem Tempo, das sowohl für die Erwachsenen als auch für die Kinder passt und motiviert.

I.1 DAS FUNDAMENT: DIE ETHISCHEN GRUNDSÄTZE DER PERMAKULTUR

Bei der Permakultur-Pädagogik ist es sehr wichtig, dass sich die ethischen Grundsätze in der Gestaltung der Sessions wiederfinden. Entsprechend dem Permakultur-Prinzip „Gestalte erst das Muster, dann die Details" kann es für Lehrende hilfreich sein, mit einer Reflexion über die ethischen Grundsätze zu beginnen, um so sicherzustellen, dass diese dann während der Planung und Durchführung wirklich präsent sind. Die Grundsätze werden aber auch und vor allem durch die Erwachsenen sichtbar, die als Vorbild rücksichtsvoll, mitfühlend und umweltbewusst handeln, und können weiter gefestigt werden, indem sie direkt in den Inhalt (durch Geschichten, Lieder, Spiele usw.) einbezogen werden.

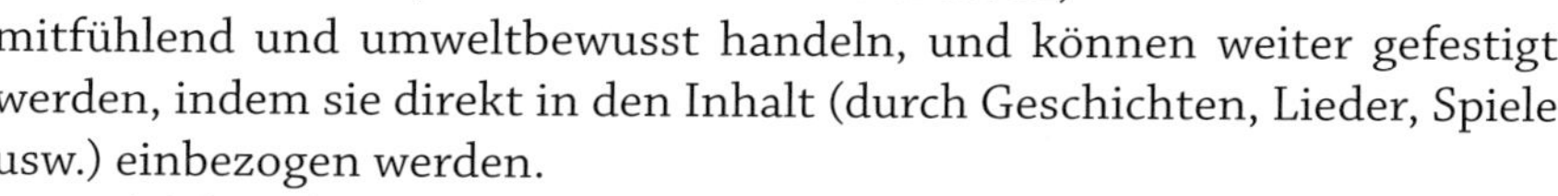

Die drei ethischen Grundsätze der Permakultur

Nachfolgend werden die zentralen ethischen Grundsätze beschrieben und mit einer Reihe von Reflexionsfragen ergänzt. Diese Fragen erleichtern einen kritischen Reflexionsprozess, der Lehrende dabei unterstützt, ihre Pläne so zu gestalten oder anzupassen, dass sich die Grundsätze der Permakultur besser darin widerspiegeln, unabhängig davon, ob es sich dabei um formalen Unterricht oder non-formale Sessions handelt.

SORGE FÜR DIE ERDE

Sorge für die Erde bedeutet, harmonisch mit der Natur zusammenzuarbeiten, um die negativen Auswirkungen auf die Umwelt zu minimieren und die positiven Auswirkungen zu maximieren. Um für die Erde sorgen zu können, ist es notwendig, die Gesetze der Natur, die ökologischen Systeme und die Bedürfnisse aller Lebewesen zu verstehen.

Sowohl Lehrende als auch Kinder können darüber nachdenken, wie sie die negativen Auswirkungen auf die Umwelt minimieren können. Bei der Auswahl von Materialien und Aktivitäten sollte darauf geachtet werden, die Möglichkeiten „Ablehnen, Reduzieren, Wiederverwenden, Reparieren, Recyceln und/oder Upcyceln" zu berücksichtigen. Die Verwendung von Holz, Steinen, Tannenzapfen und anderen natürlichen Gegenständen zur Dekoration des Lernraums oder zum Spielen trägt außerdem dazu bei, die Vielfalt und die Schönheit der Natur zu erkennen und wertzuschätzen. Wenn man die Natur untersucht oder ein neues Thema vorstellt, kann es sinnvoller sein, ein direktes Erlebnis zu schaffen, statt sich auf Fotos, Bilder, Informationen, Videos oder andere virtuelle Erfahrungen zu stützen. Für die Erde zu sorgen bedeutet auch, darauf zu achten, wie viel der Natur entnommen wird und welche Auswirkungen diese Wegnahme auf das Ökosystem hat. Hier können die „Forager rules" („Regeln des Sammelns") und die Prinzipien des „Leave no Trace" („Hinterlasse keine Spuren") als Richtlinien dienen. Laut diesen sollte man keine seltenen oder einzeln vorkommenden Pflanzen pflücken und bei einem größeren Bestand nicht mehr als 20 % entnehmen. Dadurch lässt man etwas für Vögel und andere Lebewesen übrig und sorgt dafür, dass die Pflanzen auch in Zukunft gedeihen können. Außerdem sollte man die Plätze in der Natur so hinterlassen, wie man sie vorgefunden hat oder in einem besseren Zustand.

Wenn Kinder Zeit in der Natur verbringen, lernen sie diese zu achten, indem sie eine Verbindung zu ihr aufbauen. Deshalb ist es wichtig, soviel Zeit wie möglich draußen zu verbringen. Dies kann ein Gleichgewicht von nicht strukturiertem Spielen und strukturierten Aktivitäten beinhalten. Wie David Sobel (1996) in seinem Buch „Beyond Ecophobia" schreibt: „Wenn wir wollen, dass Kinder wachsen, wirklich gestärkt werden, müssen wir ihnen zuerst erlauben, die Erde zu lieben, bevor wir sie bitten, sie zu retten." Zeigen Erwachsene, dass sie die Natur achten, hilft dieses Vorbild den Kindern, ihre Achtung, Liebe und Bewunderung für die Natur auszudrücken. Dies ist auch eine der Grundlagen der Permakultur.

Fragen zum Reflektieren über Sorge für die Erde

- Inwiefern könnten die Materialien für die Session regional, recycelt, organisch, kompostierbar und/oder energiesparend sein?
- Wie kann draußen daran erinnert werden, die Umwelt sauber und die Einwirkungen auf sie minimal zu halten? „Lass nichts außer Fußabdrücken zurück, nimm nichts außer Fotos mit".
- Wie können Kinder dazu angeleitet werden, Verantwortung für den Schutz der Natur zu übernehmen (z. B. gefallene Blätter aufsammeln, anstatt sie von der lebenden Pflanze zu pflücken)?
- Wie können sich Kinder am Ablehnen, Reduzieren, Wiederverwenden, Recyceln, Upcyceln, Kompostieren beteiligen?

- Wie könnten ein paar oder alle Sessions draußen stattfinden, wenn eigentlich geplant war, drinnen zu unterrichten?
- Wie kann man Kindern die Möglichkeit geben, Zeit in der Natur zu verbringen?
- Wie sorgt man für die Natur, wenn man gärtnert, in den Wald geht usw.?

Beispielfragen für Kinder

- Wie können wir uns um andere Lebewesen kümmern (Tiere, Insekten, Pilze, Pflanzen, Bäume usw.)?
- Wie kann man dem Baum/der Erde/dem Garten/dem Wurm usw. helfen? Was braucht er/sie/es, um glücklich und geschützt zu sein?
- Haben wir irgendetwas in der Natur zurückgelassen, das dort nicht hingehört?
- Bevor wir Teile vom Baum (oder der Pflanze) nehmen: Gibt es etwas, das schon auf dem Boden liegt und das wir stattdessen verwenden können?
- Können wir das recyceln?

SORGE FÜR DIE MENSCHEN

„Sorge für die Menschen" bedeutet, sich um andere und um sich selbst zu kümmern, also auf die Bedürfnisse der Kinder, Eltern, Lehrenden, der nicht lehrenden Mitarbeiter:innen und anderer Menschen der Gemeinschaft einzugehen. Dadurch werden Zusammenarbeit, Einfühlungsvermögen, klare Kommunikation, kreativer Ausdruck, Wohlbefinden und inklusives Denken gefördert.

Während der Planung und Durchführung einer Session sollten die Lehrenden unbedingt auf die Verantwortlichkeiten und Energieniveaus aller beteiligten Erwachsenen achten. Sensibles und mitfühlendes Verhalten dieser Art hilft, Burnout vorzubeugen. Planen Lehrende ihre Session mit zu vielen Aktivitäten, kann das dazu führen, dass sich die Erwachsenen mehr auf die Durchführung ihres Plans konzentrieren, statt auf die Dinge zu achten, die im Moment von den Kindern oder der Natur ausgehen. Die Begeisterung oder der Stress der Erwachsenen überträgt sich direkt auf die Kinder und beeinflusst, wie sie das ganze Erlebnis wahrnehmen. Indem man sicherstellt, dass alle Lehrenden (auch man selbst) genügend Unterstützung erhalten, wird ermöglicht, dass die Session Spaß macht und nicht überfordert.

Erst wenn die Grundbedürfnisse der Menschen (Wärme, Luft, Essen und Trinken) befriedigt sind, können sie sich auf andere Bedürfnisse wie Lernen, Freiheit, Identität und kreativen Ausdruck konzentrieren (Max-Neef, 1992). Daher müssen alle Grundbedürfnisse der Kinder gestillt sein, ehe sie das Draußensein bei allen Witterungsbedingungen genießen können. Das kann erreicht werden, indem die Kinder witterungsgerecht angezogen sind, genügend Wechselkleidung haben und es genug überdachten Raum gibt, falls es stärker regnen oder sehr sonnig werden sollte (z. B. könnte eine Plane aufgestellt werden).

Fragen zum Reflektieren über die Sorge für die Menschen

- Wie können die Gesundheit und das Wohlbefinden der Lehrenden gefördert werden? (unter Berücksichtigung des Vorbereitungsaufwands für eine Session, des Verhältnisses von Kindern zu Erziehenden, der Unterstützung durch andere Personen in der Schule und/oder der Gemeinschaft usw.)
- Wie können die Gesundheit und das Wohlbefinden der Kinder gefördert werden? (Ist die Session an das Alter der Kinder und die Gruppengröße angepasst? Bekommen die Kinder genug frische Luft, Bewegung und Möglichkeiten, Verbindungen zur Natur aufzubauen?)
- Wie kann die Session so gestaltet werden, dass Freiraum für Kreativität oder all das gelassen wird, was im Moment durch die Kinder, die Lehrenden und/oder die Natur entsteht?
- Wie können Kinder, auch jene mit besonderen Bedürfnissen, unterstützt werden, damit sie ihre individuellen Stärken und Fähigkeiten entfalten können?
- Haben alle Kinder die gleichen Chancen, sich aktiv zu beteiligen, sich auszudrücken, gehört zu werden und all ihre anderen Bedürfnisse zu befriedigen?
- Spiegelt sich der Grundsatz „Sorge für die Menschen" im Inhalt/dem Erleben wider? (Lernen die Kinder und Erwachsenen, wie sie sich um sich selbst und/oder andere kümmern können?)

Beispielfragen für Kinder

- Wie können wir alle beschützen?
- Wie können wir für uns selbst sorgen?
- Wie können wir für andere sorgen?
- Wie können wir sichergehen, dass alle gehört werden?

GERECHTES TEILEN

Beim „Gerechten Teilen“, dem dritten ethischen Grundsatz der Permakultur, geht es um das Streben nach Gleichheit unter den Menschen, unabhängig von ihrer Hautfarbe, ihrem Geschlecht, ihrer Herkunft oder ihrer Heimat, sowie um das Streben nach Gerechtigkeit zwischen Menschen und anderen Lebewesen.

Zum gerechten Teilen gehört auch die „Umverteilung des Überschusses“ (Holmgren, 2002). Dabei geht es darum, zu begrenzen, wie viel wir für uns selbst nehmen, sowie darum, den Überschuss an die Systeme zu verteilen, die für die Erde und die Menschen sorgen. Ebenso wichtig ist, dass der Beitrag jedes Einzelnen geschätzt wird, und bewusst nur das genommen wird, was auch gebraucht wird.

Überschüssiges kann sein: Ernte aus dem Garten, menschliche Energie, Zeit, Ressourcen, Reichtum und andere Dinge, die so verteilt werden können, dass andere Lebewesen jetzt oder in Zukunft auch etwas davon haben. So kann man bei der Ernte von Früchten darauf achten, etwas für die Vögel übrig zu lassen und etwas an den Nachbarn abzugeben oder bei einer Gesprächsrunde mit Kindern darauf achten, dass jedes Kind die gleiche Chance hat zu sprechen.

Kinder verstehen das Bedürfnis, gerecht zu sein. Die Konzepte des „Gerechtseins“ und des „Teilens des Überschusses“ können durch Geschichten, Spiele, Lieder und Theaterstücke, aber auch durch das Teilen mit anderen Kindern oder anderen Lebewesen erfahrbar werden. Das Lernen wird weiterhin dadurch unterstützt, dass man den Kindern Möglichkeiten gibt, Dinge zu reflektieren, Vorschläge zu machen, Probleme in Lösungen umzuwandeln und/oder offene Fragen zu beantworten.

Fragen zum Reflektieren über Gerechtes Teilen
• Wie werden die Kinder dazu motiviert, miteinander, mit anderen Menschen und anderen Lebewesen zu teilen?
• Wie können Kinder über die Bedürfnisse anderer Lebewesen nachdenken (z. B. während sie Pflanzen gießen, ein Igelhaus bauen usw.)?
• Wie können die Aktivitäten so gestaltet werden, dass sie den Reichtum der Natur durch Teilen respektieren und achten?
• Wie können Kinder und Lehrende zusammenarbeiten, um anderen Menschen oder der Natur zu helfen (z. B., indem sie mit älteren Menschen Lieder singen, einen Waldgarten anlegen, Spenden für Wohltätigkeitsorganisationen sammeln usw.)?

Beispielfragen für Kinder
• Wie können wir etwas gerecht zwischen uns und anderen Lebewesen teilen?
• Wem würde das, was wir geerntet und hergestellt haben, noch gefallen?
• Wie können wir dafür sorgen, dass die Redezeit gerecht aufgeteilt ist und jede:r gehört wird?
• Was können wir der Natur zurückgeben?
• Welche anderen Lebewesen leben in der Umgebung und wie können wir ihnen helfen?

I.2 GANZHEITLICHE PLANUNG

Permakultur ist ein ganzheitlicher Gestaltungsansatz. Deshalb ist es wichtig, Kindern eine umfassende, multidimensionale Lernerfahrung zu ermöglichen. Das kann durch Sessions erreicht werden, die so gestaltet werden, dass sie den ganzen Körper einbeziehen und „Augen, Hände, Herz und Kopf" gleichermaßen ansprechen. Auf diese Weise kann sichergestellt werden, dass die Session nicht, wie so häufig, nur auf die Vermittlung von Informationen ausgerichtet ist (also nur den „Kopf" anspricht).

Eine Herangehensweise an das Lernen, die das Herz (Gefühle), die Hand (Learning by doing) und den Kopf (Verstand oder das Lernen durch Bücher/Vorträge) einbezieht, wurde zuerst von dem Schweizer Sozialreformer und Pädagogen Johann Pestalozzi (1746-1827) vorgeschlagen. Der Ansatz wurde von vielen Pädagogen und Pädagoginnen aufgegriffen, unter anderem von Patrick Geddes, einem der Vorreiter der Umweltbildung (Higgins, 2001). Die KiP-Pädagogik übernimmt diese drei Aspekte und ergänzt zusätzlich die Beobachtung in Form der „Augen".

AUGEN

Die Prinzipien der Permakultur wurden aus der aufmerksamen Beobachtung der Natur und wirklich nachhaltiger Gesellschaften gewonnen. Das erste Prinzip der Permakultur lautet „Beobachte und interagiere", denn Beobachtung ist der Schlüssel zu einer guten Permakultur-Gestaltung und „aus aufmerksamer Beobachtung und sorgfältiger Interaktion entstehen die Inspiration für die Gestaltung, das Repertoire und die Muster." (S. 13, Holmgren, 2002). Durch die Kenntnis und das Verständnis natürlicher Systeme und Muster können Permakultur-Gestaltende zu eigenen Ideen und kreativen Lösungen inspiriert werden. Daher ist in der KiP-Pädagogik ein beobachtendes „Eintauchen" in die Natur von klein auf sehr wichtig. Dies wird hier mit dem „Augen-Symbol" dargestellt, wobei es sich jedoch in Wirklichkeit um ein aufmerksames Beobachten unter Einbeziehung des ganzen Körpers und aller Sinne handelt. Es findet eine wechselseitige Beobachtung zwischen den Lehrenden und dem Kind statt, wobei die Lehrenden sich selbst, das Kind und die Umwelt beobachten und umgekehrt. Obwohl sich die „Augen" natürlicherweise im Kopf befinden, unterscheidet sich der Lernstil durch direkte Beobachtung unter Verwendung aller Sinne genug, um diese eigene Kategorie zu rechtfertigen.

Die fünf klassischen Sinne (die von Aristoteles und anderen identifiziert wurden) sind Sehen, Tasten, Schmecken, Riechen und Hören. Sie können alle einfach in Sessions mit Kindern integriert werden. Forscher:innen haben zusätzlich viele weitere Sinne anerkannt, wie zum Beispiel den Gleichgewichtssinn, die Propriozeption usw. Es ist auch möglich, einige dieser anderen Sinne mit Kindern spielerisch zu untersuchen.

Kinder können die „Augen" bei Aktivitäten nutzen, bei denen sie sehen, riechen, anfassen, fühlen, hören, lauschen, schmecken, beobachten, finden, zuschauen, halten, suchen...

Fragen zum Reflektieren

- Ist es möglich, sich Zeit zu nehmen, um die Kinder und ihre individuellen Bedürfnisse zu beobachten, ehe Ziele gesetzt werden?
- Haben die Kinder die Möglichkeit, alle ihre Sinne bewusst einzusetzen, um ihre Umgebung direkt zu erleben und Dinge zu entdecken, auf die sie neugierig sind?
- Inwiefern können die Lehrenden dem Kind Raum, Gelegenheit und Zeit geben, um eine Pflanze, ein Tier, einen Stein, den Boden usw. zu beobachten?

HÄNDE

Praktische und authentische Erlebnisse sind ein wichtiger Bestandteil der Permakultur-Pädagogik. Indem sie so viel wie möglich durch „Learning by Doing" lernen, interagieren Kinder mit echten, natürlichen Objekten und in natürlichen Umgebungen. So erlangen sie praktische Fertigkeiten, um für die Erde und die Menschen zu sorgen, sowie grob- und feinmotorische Fertigkeiten.

Kinder können die „Hände“ bei Aktivitäten verwenden, bei denen sie sammeln, erschaffen, Werkzeuge verwenden, Dinge herstellen, experimentieren, spielen, Fertigkeiten lernen, malen, zeichnen, tragen, rennen, ernten...

Fragen zum Reflektieren

- Welche praxisorientierten Aktivitäten wurden eingeplant?
- Gibt es Aktivitäten, bei denen man sich bewegt?
- Wird der ganze Körper einbezogen?
- Wurden abstrakte Ideen (die vorgestellt wurden) in praktische, erfahrungsorientierte Aktivitäten übertragen?
- Welche Fertigkeiten werden erlernt, indem sie ausgeübt werden?

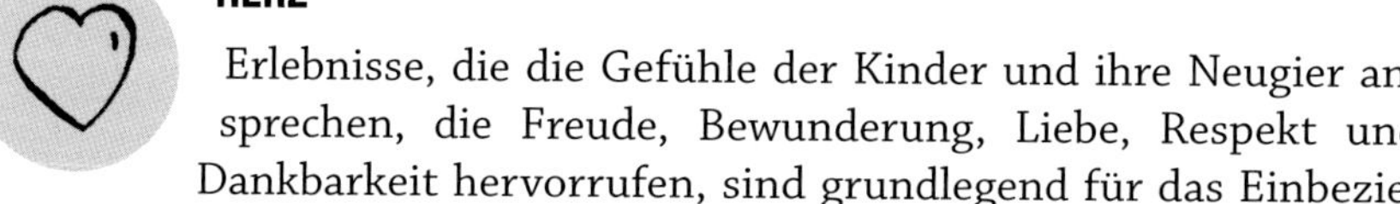

HERZ

Erlebnisse, die die Gefühle der Kinder und ihre Neugier ansprechen, die Freude, Bewunderung, Liebe, Respekt und Dankbarkeit hervorrufen, sind grundlegend für das Einbeziehen des „Herzens“ in die ganzheitliche Bildung. Diese Erfahrungen tragen dazu bei, dass sich das Gelernte besser einprägt und das Kind auf einer tieferen Ebene erreicht. Wie die US-amerikanische Autorin Helen Keller (1905, S. 203) sagte: „Die besten und schönsten Dinge dieser Welt können nicht gesehen oder berührt werden ... man fühlt sie nur im Herzen.“

Kinder können das „Herz“ bei Aktivitäten verwenden, bei denen sie singen, hören, Geschichten erzählen, feiern, sich etwas vorstellen oder etwas auf kreative Weise zum Ausdruck bringen. Während man die Natur erkundet, kann das Nachdenken über passende Metaphern ebenfalls das „Herz“ bereichern. So kann zum Beispiel die weiße Schneedecke, die den Wald bedeckt, ein Gefühl der Reinheit hervorrufen, oder ein Kind könnte beobachten, wie sich eine Raupe verpuppt und dann zu einem Schmetterling wird und durch Geschichten oder Gedichte das Konzept der Transformation und des Wandels ergründen. Metaphern, die aus der Natur entstehen, sind die Inspiration für viele Volkssagen und sind eine traditionelle Art der Weitergabe von Wissen und Bedeutsamkeit.

Fragen zum Reflektieren

• Welche Möglichkeiten gibt es, Dankbarkeit, Empathie, Liebe oder Respekt für die Natur oder für einander zu empfinden?
• Wie werden die Kinder sich selbst ausdrücken?
• Welche Erfahrungen werden Kinder in dieser Session machen, um sich mit der Natur, anderen oder ihren eigenen Gefühlen verbunden zu fühlen?
• Welche Metaphern, Geschichten, Gedichte, Lieder oder andere Ausdrucksformen können verwendet werden, um die Fantasie, die Gefühle und die Verbindung zur Natur wach zu rufen?
• Wie können Feste in das Erlebnis einbezogen werden?

KOPF

Hier können die Lehrenden gründlicher auf die Interessen des Kindes eingehen und es unterstützen, indem sie Hintergrundinformationen recherchieren oder die Kinder bei der Suche nach weiteren Informationen anleiten. Logisches Denken und kognitive Entwicklung können durch Forschen, Hinterfragen, Teilen von Informationen, Lernen neuer Vokabeln usw. angeregt werden.

Es kann passieren, dass sich interessantere Lernmöglichkeiten ergeben als die, die ursprünglich geplant wurden. Werden solche ungeplanten Entwicklungen dokumentiert, kann sichergestellt werden, dass das Lernen in zukünftigen Sessions auf diesen Erfahrungen aufbauen kann. „Kopf"-Aktivitäten können solche sein, die Gelegenheiten zum Lernen, Beschreiben, Identifizieren, Diskutieren, Herausfinden, Denken, Auflisten, Sortieren, Vergleichen und Kontrastieren bieten.

Fragen zum Reflektieren

• Was sind die geplanten Hauptlernrichtungen?
• Welche Informationen muss ich als Lehrende:r erforschen oder erfahren, entweder vorher oder zusammen mit den Kindern, um das Erlebnis zu bereichern?
• Wurden offene Fragen in die Session eingeplant, um kritisches und kreatives Denken, Forschungsdrang und Neugier anzuregen und das eigenständige Denken der Kinder zu fördern?

I.3 DER NATÜRLICHE ABLAUF

Dieser Abschnitt hilft dabei, den Lernablauf einer Session auf eine Weise zu strukturieren, die sich an der Natur orientiert: das **„Säen"** der Inspirations- und Motivationssamen für den Themenbereich, das **„Wachsen"**, bei dem das Thema durch multisensorische Aktivitäten entwickelt wird und das **„Ernten"**, das den Abschluss bildet und dabei hilft, die Erfahrung zu verinnerlichen, indem man sich die Zeit nimmt, das Gelernte wertzuschätzen und zu festigen. Die Phasen des natürlichen Lernablaufs wurden von dem Neohumanist Education Curriculum inspiriert, das durch die AEN in Rumänien entwickelt wurde (Deshaies, Zambet, Halaicu, Alexa, 2012).

Fragen zum Reflektieren

- Verläuft die Session auf eine natürliche Art und Weise?
- Besteht in der Session ein gutes Gleichgewicht der verschiedenen Phasen: Säen, Wachsen und Ernten?

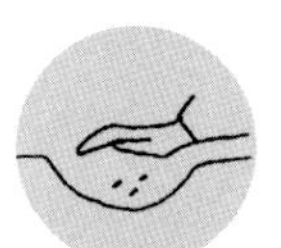

DAS SÄEN

Die Phase des Säens ist die Anfangsphase des natürlichen Lernablaufs, in der die Lehrenden oder die Kinder den oder die Samen der Lernreise säen und pflegen.

Der „Samen" der Inspiration für eine Session kann aus der Beobachtung der Interessen der Kinder entstehen, aus einem Thema des KiP-Curriculums oder aus einem Interesse des Lehrenden, das bei den Kindern Neugier wecken könnte. Wenn Kinder (allein oder mit anderen Kindern) spielen oder sich untereinander oder mit einem Erwachsenen unterhalten, ergeben sich meist viele „Samen", die aufmerksame Lehrende erkennen und aufgreifen können. Zum Beispiel stellen Kinder vielleicht Fragen, geben Kommentare ab, teilen ihre Ideen und Gedanken mit oder reden über eigene Erlebnisse.

Welcher Same ausgewählt und gepflegt werden soll, kann von den Lehrenden entschieden werden oder auch in einem dynamischen Prozess, indem die Kinder in die Auswahl einbezogen sind.

„Ist ein Same ausgewählt, können die Lehrenden ihn durch metaphorisches Säen und Gießen pflegen, indem sie die Fantasie und Interessen der Kinder unterstützen und darauf aufbauen und so dem Samen zu keimen erlauben." Es gibt verschiedene Möglichkeiten, um einen Samen zu pflegen. Zum Beispiel, indem man eine Session mit einem Lied, einer Geschichte oder einem Spiel beginnt oder indem man einen Raum so gestaltet, dass er die Neugier und den Forschungsdrang weckt. Die Lehrenden können aber auch versuchen herauszufinden, was die Kinder schon wissen, indem sie mit ihnen reden oder Fragen stellen und so das Interesse und das kritische Denken der Kinder anregen.

Ein „Same" wäre zum Beispiel, wenn ein Kind fragt: „Was fressen Eichhörnchen?". Die Lehrenden können diesen Samen dann aufnehmen, indem sie eine Session zu dieser Frage planen und diese zum Beispiel mit einer Geschichte über ein Eichhörnchen beginnen.

Das Ziel des Säens ist es, das Interesse der Kinder zu wecken und sie für ein Thema zu begeistern. Indem man die „Samen" der Kinder aufnimmt, bestärkt man die Kinder und sorgt dafür, dass sie erkennen, dass ihre Ideen, Fragen und Gedanken gehört werden und wichtig sind. Durch umfangreiche Forschung wurde bewiesen, dass Menschen am besten lernen, wenn sie glücklich und interessiert sind (z. B. Rose und Nicholl, 1997). Diese Phase ist also grundlegend für das Lernen sowie für eine Session, die Kindern und Lehrenden Spaß macht.

Fragen zum Reflektieren

• Wie wird die Session auf den Beobachtungen der Kinder aufbauen?
• Wie können die Kinder diejenigen sein, die „den Samen der Inspiration" für die Session pflanzen?
• Wodurch wird das Interesse/die Inspiration der Kinder geweckt?
• Wird auf einen ganzheitlichen Prozess geachtet, der den ganzen Körper, das Herz und den Kopf in eine bedeutsame und angenehme Lernerfahrung einbezieht?

DAS WACHSEN

Wachsen ist die zentrale Phase, in der ein Thema zu einer Entdeckungsreise wird. Diese kann vom Kind oder von den Lehrenden angeleitet werden oder von beiden gemeinsam. In dieser Phase stoßen die Lehrenden den Lernprozess bei den Kindern an, indem sie es möglich machen, dass der „Samen" wachsen kann, auch auf unerwartete Weise. Die Lehrenden sind wie ein Spalier, das die Reben dabei unterstützt, in jede Richtung wachsen zu können.

Um dies zu erreichen, sollte der Prozess „Augen, Hände, Herz und Kopf" einbezogen und durch die Verwendung der „Augen" unterstützt werden, indem beobachtet wird, was mit den Kindern passiert, was sie wahrnehmen und was sie am meisten anspricht.

Dem ethischen Grundsatz der Sorge für die Menschen folgend, ist es wichtig, die Bedürfnisse und Ideen der Kinder und der Lehrenden zu berücksichtigen, um eine harmonische, forschende Beziehung zwischen den Kindern, den Lehrenden und der Umwelt (der dritten Lehrkraft) zu schaffen. Auch die Prinzipien der Permakultur, zum Beispiel „Nutze und schätze die Vielfalt", können bei der Entwicklung dieser Phase hilfreich sein.

Fragen zum Reflektieren

- Wie kann die Session und wie können die Lehrenden flexibel genug sein, damit die Kinder spontan und kreativ Beiträge einbringen und/oder die Session in unerwartete Richtungen wachsen lassen können, um so die Führungsfähigkeiten der Kinder und ihre Beteiligung zu fördern?
- Wurden Aktivitäten geplant, die das in der Säen-Phase vorgestellte Thema ausbauen, bereichern und unterstützen?

DIE ERNTE

In der Erntephase wird das Gelernte durch Feiern und Spaß gefestigt. Diese Phase spiegelt auch das Prinzip der Permakultur „Erwirtschafte einen Ertrag" (siehe Kapitel 3) sowie den ethischen Grundsatz „Teile den Überschuss" wider. Kinder lieben es zum Beispiel von Natur aus, Dinge mit ihren Eltern zu teilen, und es können auch andere Möglichkeiten des Teilens mit der Gemeinschaft, Tieren, Pflanzen usw. erkundet werden.

Zum Ernten und Teilen kann aber zum Beispiel auch gehören, dass die Kinder mitteilen, was sie am Tag erlebt haben, Feedback geben, diskutieren, was sie in der nächsten Session machen möchten (neue Samen produzieren) und vieles mehr.

Fragen zum Reflektieren

- Wie können wir die Erlebnisse und Erträge der Session feiern?
- Gibt es ein Spiel, eine Aktivität oder eine Diskussion, die dazu beitragen kann, das in der Wachstumsphase Gelernte zu festigen?
- Wie können Kinder mitentscheiden, wie die Erträge/Erfahrungen geteilt und wie diese gefeiert werden könnten (z. B. mit einer Ausstellung oder durch Verschenken)?

• Gibt es einen Ertrag, der mit Tieren/Pflanzen geteilt werden kann und ihnen helfen würde oder der die Umwelt schöner macht?
• Wie kann die Vielfalt der Ergebnisse mit Interesse und Wertschätzung aufgenommen werden?
• Welche Ideen und Rückmeldungen kamen von den Kindern?
• Welche Inspirationen könnten in künftige Sessions integriert werden, um die Ideen oder Erfahrungen der Kinder weiterhin zu fördern?

Viele Lehrende tendieren dazu, einen zu großen Fokus auf die Hauptaktivitäten zu legen, ohne mit dem Säen anzufangen oder mit der Ernte abzuschließen. Diese Phasen sind aber wichtig, um sicherzustellen, dass das Lernen richtig verankert wird und die Kinder voll und ganz beteiligt, respektiert und wertgeschätzt werden.

KAPITEL II

INTEGRATION DER PRINZIPIEN DER PERMAKULTUR IN DIE BILDUNG

Die Prinzipien der Permakultur wurden von Bill Mollison und David Holmgren, den Gründern des Permakultur-Konzepts, auf der Grundlage eingehender Beobachtungen der Funktionsweise natürlicher Systeme entwickelt. Als Denkhilfen und Gestaltungsgrundlagen können die Prinzipien jedoch auf vielfältige Art und Weise auch auf zahlreiche andere Bereiche und Situationen angewandt werden. In der Bildung zum Beispiel für die Gestaltung der Lernumgebung, des Umgangs der Lehrenden mit den Kindern, der Sessionpläne, der allgemeinen Strategie oder der Kommunikation mit Eltern, Gleichaltrigen und anderen Mitgliedern der Gesellschaft. Die Vorteile der Anwendung der Permakultur-Prinzipien in der Bildung sind vielfältig. Zum Beispiel können dadurch ein Verständnis für und eine Wertschätzung der Natur entwickelt werden, angenehmere Lernerlebnisse entstehen, die Verbindung zwischen Individuen vertieft sowie die benötigte Zeit, Energie und weitere benötigte Ressourcen verringert werden. Langfristig kann so ein nachhaltiges Bildungssystem entstehen, das für die Menschen und die Erde sorgt.

Die Gestaltung ist ein zentraler Bestandteil der Permakultur, da durch gründliche Planung Systeme geschaffen werden können, die minimale Anstrengung erfordern und einen maximalen Effekt erzielen und dadurch Zeit, Energie und andere Ressourcen sparen und Überschuss erzeugen. Das Gestalten ist ein Prozess, der sich durch aufmerksames Beobachten, Analysieren, Entscheiden, Umsetzen, Reflektieren und Bewerten unter Verwendung der Permakultur-Prinzipien und anderer Gestaltungsmittel entwickelt.

Dieses Kapitel zeigt, wie die Prinzipien der Permakultur in die Bildung eingebettet werden können, indem zuerst die zwölf Prinzipien vorgestellt werden, die in Holmgrens „Principles and Pathways“ (2002) beschrieben werden, und danach auf die fünf zusätzlichen Prinzipien eingegangen wird, die Mollison in „Permaculture: A Designer's Manual“ (1988) beschreibt. Jedem Prinzip sind einige kindgerechte Fragen vorangestellt, die die Lehrenden je nach Situation und Alter der Kinder anpassen können. Abschließend folgt bei jedem Prinzip eine Reihe von Reflexionsfragen, die Kindern und Lehrende dazu inspirieren sollen, neue Möglichkeiten zu erkunden und neue Fähigkeiten zu üben.

Eine einzelne Session muss keineswegs alle der vorgestellten Prinzipien enthalten – im Gegenteil kann es sogar sinnvoller sein, jeweils nur eines oder zwei der Prinzipien auszuwählen. Die nachfolgende Aufführung ist daher als eine Art Checkliste zu verstehen, welche die Reflexion während des Planungsprozesses erleichtern soll.

II.1 DIE HOLMGREN-PRINZIPIEN

1. BEOBACHTE UND INTERAGIERE

- *Was kannst du sehen, riechen, hören, schmecken und/oder fühlen?*
- *Was hat sich verändert, seit wir das letzte Mal hier waren?*
- *Was sehen wir, wenn wir noch genauer hinschauen?*
- *Welche neugierigen Fragen habt ihr dazu?*

Permakulturgestaltung basiert auf aufmerksamer Beobachtung und dem Sammeln von Informationen und Erfahrungen, um ein besseres Verständnis für die Natur, die Landschaft und die beteiligten Menschen zu fördern. Daher sind die Nahrungsmittelsysteme der Permakultur informationsintensiv und planungsaufwendig, während die traditionelle Landwirtschaft arbeitsaufwendig war und die industrielle Landwirtschaft energieaufwendig ist (Holmgren, 2002). Das trifft auf landbasierte Gestaltungsansätze zu, wie zum Beispiel auf Gärten, bei denen etwa berücksichtigt werden muss, wo es sonnig oder schattig, nass oder trocken, windig oder geschützt, fruchtbar oder unfruchtbar ist und welche Bedürfnisse die verschiedenen Personen haben, die den Ort nutzen, wie Kinder, Lehrende, Eltern oder Großeltern. In ähnlicher Weise ist es auch bei menschenbasierten Gestaltungsansätzen wichtig, die physische Landschaft zu kennen oder mehr über sie zu erfahren. Möchte man beispielsweise eine Aktivität für Kinder planen, muss man also nicht nur das Alter, die Interessen, den Hintergrund usw. der teilnehmenden Kinder kennen, sondern auch etwas über die physische Umgebung wissen.

Es gibt viele verschiedene Dinge, die zu beobachten sind, und das braucht Zeit. Abzubremsen, um unter Verwendung aller Sinne beobachten zu können, ist ein wesentlicher Ausgangspunkt für eine Permakultur-Pädagogik. Ihre Beobachtungsgabe können Kinder auf verschiedene Weise ausbauen, etwa indem sie

- ihre Umgebung kennenlernen, zum Beispiel durch Sammeln, Beobachten, Kartieren, Spielen und Experimentieren.
- andere Menschen und sich selbst kennenlernen, zum Beispiel durch Fragen stellen, Zuhören, Beobachten von Reaktionen und Reflektieren der eigenen Gefühle.
- ihr Wissen ausbauen, zum Beispiel durch das Lesen von Büchern, das Schauen von Filmen oder das Führen von Gesprächen mit älteren Menschen.

Die Sprache und Signale der Natur zu verstehen, ist eine Fähigkeit, die erlernt werden kann und das beginnt mit Neugier. Zum Beispiel: „Warum neigen sich alle Grashalme hier in eine Richtung? Was könnte der Grund dafür sein?“ So eine Frage kann sowohl vom Kind als auch von dem/der Lehrenden kommen, da sie beide Lernende sind.

Bei vielen Permakultur-Aktivitäten für Kinder geht es darum, dass die Kinder die Natur beobachten und in sie eintauchen. So können sie Liebe und Wertschätzung für sie entwickeln, sie besser kennenlernen, verstehen lernen, wie sie funktioniert und diese Erfahrungen jetzt und in der Zukunft nutzen. Die Förderung der Fähigkeit, interessante Details zu bemerken und sich für die Natur zu begeistern (egal, ob es sich um einen Frosch, ein Blatt oder einen Fluss handelt), ist ein zentraler Bestandteil dieses Prozesses.

Das Prinzip „Beobachte und interagiere“ spiegelt sich auch in der Herangehensweise wider, die Interessen der Kinder und der Lehrenden zu beobachten und sie dann bei der Planung der Sessions zu berücksichtigen.

Fragen zum Reflektieren

- Wie können die Kinder bei der direkten Beobachtung und dem direkten Interagieren mit der Natur unterstützt werden?
- Wie können die Kinder dazu motiviert werden, alle ihre Sinne einzusetzen?
- Welches ortbasierte Lernen könnte einbezogen werden?
- Wie können die Lehrenden die Kinder beobachten und ihre Interessen erkennen?
- Welche Fragen kommen durch die Kinder auf?
- Welche Systeme können eingerichtet werden, die es den Lehrenden ermöglichen, ihre eigenen Interessen und Beobachtungen im Auge zu behalten?

2. SAMMLE UND SPEICHERE ENERGIE

- Wie lagern Tiere (oder Pflanzen/Menschen) Essen für verschiedene Jahreszeiten?
- Wie können wir den Regen, die Sonne oder den Wind einfangen?
- Wie können wir Energie sparen?
- Wie können wir Energie speichern?

In der Natur sammelt fast alles Energie und speichert einen Teil davon für später. So sammeln zum Beispiel Pflanzen die Energie der Sonne und speichern sie in ihren Samen oder Knollen, Eichhörnchen lagern Nüsse für den Winter und Menschen sammeln und lagern Nahrung, indem sie etwa Samen für das nächste Jahr aufheben oder aus frisch Geerntetem Marmelade oder Eingemachtes kochen und vieles mehr. Das sind alles Aktivitäten, die auch Kinder lernen können.

Kinder und Lehrende können auch lernen, zu erkennen, wo Energie verloren geht, und darüber nachdenken, wie sie für weniger Verschwendung sorgen können:

- elektrische Energie, z. B. durch das Ausschalten von Geräten, die gerade nicht benutzt werden.
- potenzielle Energie, z. B., indem das Wasser in einem Garten höher gelagert wird als die Pflanzen, um bei der Bewässerung weniger Energie aufzuwenden.
- die Energie der Lehrenden, z. B. durch das Verhindern von Verhaltensweisen oder Handlungen, die dazu führen, dass man sich körperlich und emotional erschöpft fühlt.
- die Energie der Kinder, z. B. durch die Unterstützung ihres Wohlbefindens und seelischer Gesundheit, indem Umgebungen und Aufgaben bereitgestellt werden, die sie interessieren und die ihren Bedürfnissen entsprechen.
- Zeit, z. B. durch das Verringern der Zeit und der Energie, die darauf verwandt wird, Pflanzen zu bewässern, indem Regenwasser vom Dach des Gewächshauses aufgefangen wird.

Außerdem sammeln und speichern Menschen auch weniger offensichtliche Energieformen wie Ideen, Erfahrungen und Beobachtungen. Kinder oder Lehrende können ihre Erlebnisse dokumentieren und sie später reflektieren, zum Beispiel mit Fotos, Videos, Zeichnungen, Bildern usw.

Fragen zum Reflektieren

- Welche Aktivität(en) könnte(n) Energie sparen oder speichern?
- Wie werden Zeit, Mühe und Energie genutzt? Kann Energie gespart werden? Wie können die Kinder dazu motiviert werden, etwas für später aufzubewahren?
- Wie können Kinder ihre Erlebnisse dokumentieren und festhalten?

3. ERWIRTSCHAFTE EINEN ERTRAG

- *Was können wir ernten und wie können wir das Geerntete verwenden?*
- *Falls wir einen Überschuss haben: Wie kann er genutzt werden?*
- *Welche positiven Dinge sind aus unseren heutigen Aktivitäten entstanden?*

In der Permakultur sind Erträge all die Ergebnisse und Produkte, die aus einer Aktivität oder Sache entstehen, egal ob greifbar oder nicht. Es ist wichtig, einen Ertrag zu erzielen, um sicherzugehen, dass man als Resultat getaner Arbeit nützliche Belohnungen erhält. Erträge sind nicht nur das, was Menschen mitnehmen, sondern auch Dinge, die produziert oder zurückgegeben werden (zum Beispiel ist Kompost ein indirekter Ertrag des Kochens, der dem Garten hilft.).

Aus allem können viele potenzielle Erträge entstehen. So kann zum Beispiel eine Aktivität, die mit den Kindern draußen stattfindet, zu greifbaren Erträgen, wie etwa aus dem Garten geerntetem Essen oder aus Naturmaterialien gestalteten Kunstwerken führen. Die nicht greifbaren Erträge können Spaß, Kreativität, Lernen über die Natur, Bewegung, Förderung der Gesundheit und des Wohlbefindens sowie die Entwicklung mathematischer, sozialer, sprachlicher oder naturwissenschaftlicher Fähigkeiten sein.

Die Wertschätzung all der Dinge, die aus getaner Arbeit entstanden sind und die die Natur reichlich anbietet, hilft allen dabei, die zusammen verbrachte Zeit mehr zu genießen. Das gemeinsame Feiern von Erträgen macht diese sichtbarer und kann Dankbarkeit gegenüber den Geschenken wecken, die die Natur und Menschen zu bieten haben. Sich darauf zu besinnen, dass auch andere Lebewesen versuchen, einen Ertrag zu erhalten, kann den Lehrenden helfen, unerwartete Situationen besser zu akzeptieren.

Fragen zum Reflektieren

- Was ist der Ertrag dieser Aktivität/dieser Session/dieses Projekts für den Einzelnen, die Gruppe, die Gemeinschaft und/oder die Natur?
- Wie können die Ergebnisse der Aktivitäten sonst noch geteilt werden (zusätzlich zu den Ergebnissen, die die Kinder direkt genießen werden), z. B. mit Tieren, Pflanzen oder anderen Menschen der Gemeinschaft?
- Wie kann Wertschätzung und Dankbarkeit für die Natur ausgedrückt werden?
- Wie können aus der gleichen Arbeit mehr Erträge erzielt werden?

4. REGULIERE DICH SELBST UND AKZEPTIERE FEEDBACK

- *Wie können wir etwas das nächste Mal anders machen?*
- *Wie können wir aufmerksam zuhören?*
- *Wie können wir sicherstellen, dass wir einen Ort genauso verlassen, wie er war, oder sogar noch ein wenig besser?*

Unser Planet ist ein sich selbst regulierendes System. Über einen Zeitraum von Millionen von Jahren hat er die Temperaturen in einem Rahmen gehalten, der das Leben möglich macht, obwohl die Sonne heißer wird. Menschen können ihr Verhalten regulieren, wenn sie dem Feedback natürlicher und von Menschen geschaffener Systeme sowie anderen Menschen zuhören. Zum Beispiel kann man im Gewächshaus auf die Temperatur achten, um sicherzugehen, dass es für die Pflanzen nicht zu heiß oder zu kalt wird. Oder man kann durch aufmerksames Beobachten prüfen, ob es zu viele Nacktschnecken gibt und dann etwas tun, um ihre Anzahl zu verringern.

Kinder können lernen, dieses Feedback wahrzunehmen und eigene Vorschläge für die Regulierung zu machen (z. B. Öffnen der Türen des Gewächshauses oder das Anschaffen von Enten, die die Nacktschnecken fressen). Lehrende können Kinder beobachten und auf ihr laufendes Feedback achten, zum Beispiel darauf, wie sie auf einen Vorschlag reagieren oder wie sie sich verhalten, wenn sie kein Interesse mehr an einer Aktivität haben oder wenn sie weitermachen wollen. Lehrende können Feedback auch direkt einholen, durch Gespräche oder indem sie Fragen stellen, um zu erfahren, was die Kinder gefühlt, verstanden und gelernt haben oder was ihnen gefallen hat. Solche Feedbacks können dann auch für die Planung der laufenden oder der nächsten Session(s) genutzt werden.

Lehrende können Feedback auch von anderen Lehrenden, Eltern und anderen Menschen annehmen und diese Information nutzen, um ihre Kommunikation, ihre Sessions, das Lernumfeld, Systeme und/oder andere Aspekte der Bildung zu gestalten.

Fragen zum Reflektieren

• Wie kann die Aktivität so gestaltet werden, dass sie den Kindern die Möglichkeit gibt, Feedback voneinander oder der Natur zu erhalten und dann zu reflektieren, wie sie es besser machen können?
• Wenn es zu einem Konflikt kommt: Wie können alle aus dieser Erfahrung lernen?
• Wie können die Lehrenden sichergehen, dass sie das Feedback der Kinder, der Kolleginnen und Kollegen und der Eltern hören?
• Wie kann ein System so erstellt oder verändert werden, dass es sich besser selbst reguliert und instand hält?

5. VERWENDE UND SCHÄTZE ERNEUERBARE RESSOURCEN UND DIENSTLEISTUNGEN

- *Wie können wir allen danken, die uns heute geholfen haben, unsere Aktivität durchzuführen?*
- *Wie können wir die Dinge verwenden, von denen die Natur viel herstellt?*
- *Wie können wir sicherstellen, dass wir nicht mehr verwenden, als die Natur uns gibt?*
- *Wie können wir bei dieser Aktivität die Verwendung von Dingen vermeiden, die aus fossilen Brennstoffen hergestellt wurden?*

Erneuerbare Ressourcen sind solche, die leicht wieder aufgefüllt werden können. Dinge, die von der Natur hergestellt wurden, kehren leichter wieder in die Natur zurück als stark verarbeitete Dinge wie Plastik (das aus Öl hergestellt wird). So zersetzt sich ein Weidenkorb nach und nach und bietet die Chance, einen neuen herzustellen, während ein Plastikkorb, wenn er kaputtgegangen ist, nicht mehr verwendet werden kann und Tausende von Jahren braucht, um sich zu zersetzen. Daher ist es im Allgemeinen besser, wann immer möglich Ressourcen zu verwenden, die aus natürlichen Materialien hergestellt werden und nicht aus Plastik.

Kohle und Erdöl sind Ressourcen, deren Entstehung Millionen von Jahren gedauert hat. Daher ist alles, was Erdöl verwendet oder daraus hergestellt wird, nicht erneuerbar. Erdöl wird für die Herstellung von Benzin,

Diesel und Flugzeugtreibstoff verwendet. Die Minimierung des Transportbedarfs ist deshalb eine wichtige Aufgabe aller Permakultur-Lehrenden und sollte etwa auch beim Transport von Kindern und Lehrenden (können stattdessen alle zu Fuß gehen oder mit dem Fahrrad fahren?) sowie beim Transport von Lebensmitteln und anderen Waren berücksichtigt werden. Es ist ein weiterer Grund dafür, selbst Nahrung anzubauen und dadurch die Nahrungsmittel zu ersetzen, die von weither geliefert werden. Man sollte auch die Erzeugung von Strom aus erneuerbaren Energiequellen unterstützen.

Ausschlaggebend ist die Wertschätzung der natürlichen Ressourcen und Dienstleistungen. Achten die Lehrenden die Natur und all ihre Geschenke (Dienstleistungen), beeinflusst das auch die Kinder positiv. Wenn erneuerbare Ressourcen übermäßig genutzt werden, werden sie aufgebraucht. Daher ist es wichtig, sie nur im Rahmen ihrer natürlichen Grenzen zu verwenden. Wenn Erwachsene ein entsprechendes Verhalten vorleben, wirkt sich dies auch auf die Art und Weise aus, wie Kinder mit natürlichen Ressourcen umgehen.

Fragen zum Reflektieren

- Wie können die Kinder dabei unterstützt werden, zu Fuß oder mit dem Fahrrad zur Schule/zum Kindergarten/zum Wald/zum Garten zu gehen?
- Gibt es einen Ort, den man zu Fuß, mit dem Fahrrad oder mit öffentlichen Verkehrsmitteln erreichen kann, anstatt das Auto oder das Flugzeug zu nehmen?
- Wie können natürliche, regionale Materialien für eine Aktivität gefunden werden?
- Wurden, wo möglich, Plastik oder andere nicht erneuerbare Ressourcen vermieden?
- Ist es möglich, die benötigte Energie aus erneuerbaren Energiequellen zu erzeugen (Tretenergie, Sonnenenergie, Windenergie usw.)?

6. PRODUZIERE KEINEN ABFALL

- *Wie können wir etwas wiederverwenden?*
- *Gibt es einen besseren Ort dafür als den Mülleimer?*
- *Wie können wir weniger wegwerfen?*
- *Wie viele Dinge aus recycelten Materialien verwenden wir?*

Dieses Prinzip erinnert Menschen daran, mit ihren Ressourcen sparsam umzugehen, materielle Güter instand zu halten, Umweltverschmutzung zu reduzieren und Abfall in Ressourcen umzuwandeln. Es bezieht sich auf das Sprichwort „Des einen Müll ist des anderen Schatz“. Um Abfall zu reduzieren, sollte man unter anderem alle Ressourcen klug nutzen. Die 5 R‘s können als Eselsbrücke dienen – refuse (ablehnen), reduce (reduzieren), reuse (wiederverwenden), repair (reparieren), recycle (recyceln). So können zum Beispiel „Abfälle“ wiederverwendet oder „upgecycelt“ werden, um etwas anderes herzustellen, zum Beispiel Plastikflaschen für ein Vogelfutterhaus oder „Küchenabfälle“ für wertvollen Kompost-Dünger.

Indem man Kinder dabei unterstützt, Müll zu trennen, Komposteimer zu verwenden oder Schmierpapier zu sammeln, werden sie dazu animiert, wiederzuverwenden und zu recyceln. Kinder können außerdem etwas über das Recycling lernen, indem sie Produkte aus recycelten Materialien (Toilettenpapier, Papier, Kleidung) benutzen oder auf solche aufmerksam gemacht werden oder indem sie mit gebrauchten Gegenständen basteln. Eltern und andere Mitglieder der Gemeinschaft können am Austausch, der Wiederverwendung und dem Upcycling von Spielzeugen, Kleidung, Büchern, Sportausrüstung usw. teilhaben, zum Beispiel durch einen Secondhand-Markttag, den die Kinder organisieren, durch eine Tombola mit Secondhand-Artikeln als Preisen oder durch einen Workshop zum Upcyceln von Möbeln.

Fragen zum Reflektieren

- Wie kann man Aktivitäten planen, die unnötigen Abfall minimieren oder bei denen am besten erst gar kein Abfall entsteht?
- Wie können sich die Kinder am Saubermachen, Reparieren, Instandhalten und/oder an der Pflege von Werkzeugen und anderen Ressourcen beteiligen?
- Wie kann der „Abfall“ wiederverwendet werden, um etwas Neues zu schaffen?
- Wie kann man den gesamten Output einer Sache/Aktivität nutzen?

7. GESTALTE VOM MUSTER ZUM DETAIL

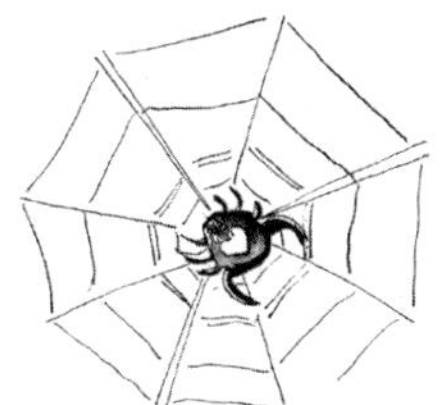

- *Welche Muster erkennst du?*
- *Über welches Thema würdest du gern mehr lernen?*
- *Welche Dinge passieren fast täglich?*

Systeme sollte man zunächst als Ganzes zeigen oder erleben und sich erst dann die Bestandteile oder Details genauer ansehen. Muster in der Natur und in der Gesellschaft können aus einiger Entfernung besser erkannt werden. Bei der Gestaltung ist es wichtig, mit dem Muster als Grundgerüst zu beginnen, dieses mit den wichtigsten Beteiligten abzustimmen und erst dann den Plan mit Details zu bereichern. Das verringert die Menge an aufgebrachter Zeit, Energie und anderen Ressourcen. Wie Roman Shapla, der Gründer von „Permaculture for Children“ (2014) sagt: „Denk erst groß. Dann denk klein.“

Muster kommen überall in der Natur vor und sie haben alle eine Funktion. Die am häufigsten auftretenden physischen Muster sind Spiralen, Netze, Verästelungen, Wellen und Überlappungen. Die Spirale ist ein effektives Wachstumsmuster, das man bei Blumen, Strudeln, Schnecken, Tornados usw. findet. Das Verästelungsmuster wird zum Sammeln und Verteilen genutzt und ist in Blättern, Flüssen, Lungen, Pfaden und vielen anderen Dingen zu finden. Ein weiteres häufig auftretendes Muster ist das Netz, das Dinge fängt, Ränder schafft, in sich verwoben ist, Gleichheit schafft und in Spinnennetzen, Pilzgeflechten, Brombeersträuchern, Vogelnestern, dem Internet usw. zu sehen ist. Kinder können diese Muster zum Beispiel durch Spiele kennenlernen, bei denen man Muster sucht und über ihre Funktion nachdenkt.

Sieht man bei der Planung der Sessions das große Ganze, kann das helfen, nicht zu viel Zeit auf Details zu verwenden, die vielleicht gar nicht notwendig sind. Lehrende können sich zuerst das Programm für das ganze Halbjahr oder Jahr ansehen, bevor sie die Details für die erste Session ausarbeiten. Führt man mehr als eine Sitzung mit Kindern durch, sollte man sich außerdem überlegen, wie der Tag oder die Woche insgesamt strukturiert oder rhythmisiert werden soll. Auch das menschliche Verhalten folgt Mustern, wodurch es uns möglich ist, komplizierte Entscheidungen im Bruchteil einer Sekunde zu fällen. Einige Muster sind hilfreicher als andere. Wenn man mit Erwachsenen oder Kindern kommuniziert, kann es hilfreich sein, über die eigenen Verhaltensmuster nachzudenken. Wenn man als Lehrende:r beobachtet, wie man auf das Verhalten der Kinder reagiert und überlegt, ob es ein besseres Muster geben könnte, kann dies ein wichtiger erster Schritt sein, um die Bedürfnisse des anderen zu verstehen, eine entspanntere Atmosphäre zu schaffen und eine tiefere Verbindung zwischen sich und den Kindern herzustellen. Ähnlich kann das Erkennen der Verhaltensmuster der Kinder dabei helfen, die Ursache eines Problems zu identifizieren. Wird zum Beispiel ein bestimmtes Kind oft um 11 Uhr wütend, könnte das darauf hinweisen, dass es hungrig ist?

Fragen zum Reflektieren

- Wie können die Lehrenden den Kindern die Möglichkeit geben, das große Ganze zu sehen, ehe sie sich auf die Details konzentrieren?
- Was für Muster findet man? Wiederholt sich das gleiche Muster an verschiedenen Orten und zu anderen Zeiten?
- Was wird das Gesamtmuster oder der Gesamtrhythmus des Tages sein?
- Wenn man mehr als eine Session mit Kindern anleitet: Wie sieht das Gesamtmuster des ganzen Zeitraums aus, den man miteinander verbringt (z. B. ein Halbjahr, ein Jahr usw.)
- Wenn man auf ein immer wieder auftretendes Problem stößt: Gibt es ein anderes Muster, das besser wäre?

8. INTEGRIERE LIEBER ALS ZU TRENNEN

- *Wie können wir einander helfen?*
- *Wie können wir Dinge dazu bringen, zusammenzuarbeiten?*
- *Könnten wir etwas hinzufügen, um etwas noch besser zu machen?*
- *Du hast viele Ideen. Wie können wir diese verbinden?*
- *Sind alle in der Lage teilzunehmen (an unserem Kreis, Spiel usw.)?*

Dieses Prinzip erinnert daran, dass in der Natur die Verknüpfungen zwischen den Dingen genauso wichtig sind wie die Dinge selbst, entsprechend dem Sprichwort „Das Ganze ist mehr als die Summe seiner Teile“. Das ermutigt uns zu versuchen, für jedes Teil einen Platz zu finden, um unterstützende und kooperative Beziehungen zu schaffen. In einem Garten kann das zum Beispiel bedeuten, Pflanzen zu finden, die einander unterstützen. Für eine Session kann das heißen, herauszufinden, wie jedes Kind mit seinen eigenen Fähigkeiten und Interessen zur Gruppe beitragen kann. Sich bewusst zu machen, dass alles und jede:r wichtig ist und einen besonderen Platz und eine besondere Rolle innehat, kann für Inklusion sorgen sowie dafür, dass nichts und niemand ausgeschlossen wird.

Zwei Aussagen aus der Permakultur-Literatur beziehen sich auf dieses Prinzip:

- jede wichtige Funktion wird von vielen Elementen getragen
- jedes Element übt viele Funktionen aus

Ein Element ist eine Einheit, zum Beispiel ein Baum, ein Kind oder ein Teich, und die Funktion ist das, was das Element tut. Die Funktion oder die Wirkung jeder Einheit ist gleich viel wert, unabhängig davon, ob sie erwünscht ist oder nicht. Das heißt, es gibt keine „Nebenfunktionen", wie es „Nebenwirkungen" in der Medizin gibt. Dass ein Element auch mehrere Funktionen haben kann, zeigt sich zum Beispiel an einem Baum: er gibt Sauerstoff ab, bietet Schutz, Nahrung, Schatten, verringert Überschwemmungen, verhindert Bodenerosion und vieles mehr. Beide obigen Aussagen können auch bei der Gestaltung von Sessions berücksichtigt werden, zum Beispiel, indem eine Aktivität (Element) gleichzeitig mehrere Bedürfnisse erfüllt. Ein praktisches Beispiel: Während Kinder im Wald verstecken spielen, können sie Zählen üben (Mathematik), ihre Kommunikationsfähigkeiten verbessern, eine Verbindung zu Natur aufbauen, Dinge aus anderen Blickwickeln betrachten lernen und bei alledem Spaß haben (und nicht einmal bemerken, dass sie lernen!).

Fragen zum Reflektieren

- Können wir verschiedene Aspekte des Lernens in eine Aktivität integrieren?
- Da es wichtig ist, alle mit einzubeziehen, bedenke Fragen wie: „Was sind die Optionen für Vegetarier? Können unsere muslimischen Freunde daran gleichsam teilhaben?"
- Wie kann man die Kinder einbeziehen, sodass sich alle sicher, wertgeschätzt und einbezogen fühlen?

9. NUTZE KLEINE UND LANGSAME LÖSUNGEN

- *Wie können wir etwas langsamer angehen und es wirklich genießen?*
- *Wo fangen wir an?*
- *Wenn das dein Traum ist: Was könnten wir zuerst machen?*
- *Lassen wir uns Zeit. Ein Schritt nach dem anderen.*

Dieses Prinzip ermutigt die Menschen, sich die Zeit zu lassen, die sie brauchen und einen Schritt abzuschließen, bevor sie zum nächsten übergehen. „Kleine Lösungen und Aktivitäten können eher an lokale Bedürfnisse angepasst werden, respektieren die Natur mehr und ihre Ergebnisse sind eher sichtbar ... Schrittweise Veränderungen werden leichter verstanden und können leichter überprüft werden." (Permaculture Association, 2018). Es gibt verschiedene Sprichwörter, die auf dieses Prinzip angewandt werden können:

- „Eile mit Weile". Wenn sich Menschen beeilen, brauchen sie schlussendlich manchmal länger, weil etwas fallen gelassen wird, kaputtgeht, vergessen oder am Anfang übersehen wird.
- „Kleine Änderungen können große Auswirkungen haben". Kleine, überschaubare Schritte können effektiver und nachhaltiger sein als spektakuläre.
- „In der Ruhe liegt die Kraft". Das können Kinder durch die Geschichte „Die Schildkröte und der Hase" lernen.

Beim Integrieren von Permakultur in ein neues Umfeld neigen viele dazu, viele Dinge gleichzeitig ändern oder einführen zu wollen. Die Umsetzung erfordert jedoch einen realistischen Zeitplan, der mit einem machbaren ersten Schritt beginnt. Erst wenn sich etwas gut eingespielt hat, sollte man zum nächsten Schritt übergehen.

Möchte man Kindern zum Beispiel beibringen, ein Feuer zu machen, kann man mit einer Sicherheitseinweisung beginnen und zunächst eine erwachsene Person das Feuer anzünden lassen. Das nächste Mal können die Kinder ein kleines Feuer mit einem Feuerstein, Wetzstahl und Zunder machen. Später können sie ein größeres Feuer mit Holz machen und wenn sie gezeigt haben, dass sie damit sicher umgehen können, können sie beginnen, auf dem Feuer zu kochen, mit verschiedenen Zundern zu experimentieren und Anmachholz zu sammeln usw.

Stellt man sicher, dass man in der Session einen Schritt nach dem andern macht und die Kinder da abholt, wo sie sind, ohne zu große Sprünge zu machen, trägt dies wesentlich dazu bei, dass sich alle einbezogen und beteiligt fühlen.

Fragen zum Reflektieren
• Wie kann man Aktivitäten planen, die Möglichkeiten bieten, langsam vorzugehen und Lösungen zu finden, die Geduld und Zeit erfordern?
• Ist die für die Aktivität eingeplante Zeit realistisch? Gibt es genug Raum für Spontanität und Zeit zum Reflektieren?
• Passt der Sessionplan zum Alter der Kinder, ihrer Entwicklungsstufe, ihrem Hintergrundwissen, ihrer Kultur und Erfahrung?
• Wie kann man während der Session genug Feedback erhalten, damit der/die Lehrende weiß, ob die Gruppe weitermachen und zum nächsten Schritt übergehen kann?
• Wird Permakultur in kleinen Schritten eingeführt?

10. NUTZE UND SCHÄTZE VIELFALT

- *Wie viele unterschiedliche Pflanzen (oder Tiere, Samen, Insekten usw.) können wir hier finden?*
- *Warum ist es gut, dass es viele unterschiedliche Tiere (oder Pflanzen, Menschen, Interessen, Gewohnheiten usw.) gibt?*
- *Wen aus der Gemeinschaft können wir einladen, um uns bei unserem Projekt (oder unserer Aktivität, unserem Garten usw.) zu helfen?*

In der Natur und unter den Menschen gibt es eine unglaubliche Vielfalt an Formen, Funktionen, Bedürfnissen und Interaktionen. Die Form ist die sichtbare Gestalt oder das sichtbare Erscheinungsbild; die Funktionen sind das, was sie tun; die Bedürfnisse sind die benötigte Menge an Sonnenlicht, Schatten, Wärme, Nahrung, Luft, Wasser usw. und die Interaktionen sind die Art und Weise, wie zwei oder mehr Lebewesen oder Dinge miteinander kommunizieren oder aufeinander reagieren.

Diese Vielfalt in der Tier- und Pflanzenwelt existiert, weil sich verschiedene Arten im Laufe der Zeit so entwickelt haben, dass sie an die örtlichen Bedingungen angepasst sind. Diese Vielfalt ist erforderlich, damit Leben gedeihen, Schädlingen und Krankheiten widerstehen und sich an Veränderungen anpassen kann. Für ein gesundes, widerstandsfähiges System werden viele verschiedene Pflanzen, Tiere, Bakterien, Pilze und Menschen benötigt. Je mehr unterschiedliche Arten von Pflanzen, Tieren oder Menschen es an einem Ort oder in einem System gibt, umso gesünder ist es.

Es ist sehr wichtig, dass Kinder Vielfalt erleben. Das kann auf viele verschiedene Weisen geschehen, zum Beispiel, indem sie Kinder aus anderen Kulturen, anderen Alters und mit anderen Hintergründen treffen und mit ihnen spielen oder indem sie mit älteren Menschen Zeit verbringen. Man sollte Kindern dabei helfen, die Gemeinsamkeiten von Menschen, Arten oder Varietäten zu verstehen, ebenso wie ihre Unterschiede.

Wenn ein Erwachsener zeigt, dass eine Sache, eine Gewohnheit oder eine Person wertvoll ist, obwohl sie anders ist, werden Kinder dazu animiert, ähnlich tolerant zu sein. Alles kann auf seine eigene Weise Beiträge leisten. So können zum Beispiel auch Pflanzen, die von manchen als „Unkraut" betrachtet werden, wichtige Nährstoffe liefern und damit für andere Pflanzen den Boden und damit die Lebensbedingungen verbessern, wie zum Beispiel der Löwenzahn. Kinder können lernen, verschiedene Pflanzen, einschließlich „Unkraut", zu schätzen, indem sie sie essen oder andere Produkte wie pflanzliche Heilmittel, Seife oder Färbemittel daraus herstellen.

Fragen zum Reflektieren

- Wie können die Lehrenden dafür sorgen, dass sich Kinder mit unterschiedlichen Fähigkeiten beteiligen und sichergehen, dass sie sich wertgeschätzt fühlen?
- Wie kann man die Vielfalt der Menschen und Natur erkennen und schätzen?
- Wie kann man Menschen unterschiedlichen/r Alters, Geschlechts, Ethnie, Kultur, Herkunft, Sprache usw. einbeziehen?
- Wie können unterschiedliche pädagogische Ansätze und ganzheitliche Aktivitäten einbezogen werden, um sicherzugehen, dass die verschiedenen Bedürfnisse der Kinder, wie Spielen, Bewegung, Reflexion, Verstehen usw. erfüllt werden?

11. NUTZE RANDZONEN UND SCHÄTZE DAS MARGINALE

- *Wo gibt es Randzonen in der Natur? Was passiert dort?*
- *Wo können wir die unterschiedlichsten Vögel (oder Blumen, Bäume, Insekten usw.) sehen?*
- *Wie können wir den Spielplatz noch besser machen?*

Manchmal passiert das Interessanteste dort, wo zwei unterschiedliche Dinge aufeinandertreffen – diesen Treffpunkt nennt man Randzone. In diesen Randzonen entsteht Neues und eine große Vielfalt. In der Natur sind die Orte mit der größten Vielfalt die Randzonen zwischen zwei unterschiedlichen Lebensräumen, wie zum Beispiel eine Flussmündung, wo Salzwasser, Süßwasser, Luft, Erde und Sand aufeinandertreffen. Sie sind deshalb so vielfältig, weil sie alle Bedürfnisse einer Art erfüllen, die nur einen dieser Lebensräume benötigt, sowie die Bedürfnisse von Arten, die mehr als einen benötigen, zum Beispiel von Vögeln, die einen Baum für ihre Nester, Süßwasser zum Trinken, Meere zum Fischen und Luft zum Fliegen brauchen.

Beim Lernen gibt es auch Randzonen: die Randzone zwischen dem Bekannten und dem Unbekannten oder die Randzone zwischen Menschen mit unterschiedlichen Fähigkeiten. Motiviert man Kinder dazu, sich gegenseitig zu unterstützen, lernen sie, zusammenzuarbeiten und die, die mehr Zeit benötigen, werden nicht zurückgelassen.

Der Spielplatz einer Schule ist eine interessante Randzone zwischen dem Klassenzimmer und dem Rest der Welt. Er ermöglicht es Lehrpersonen, ganze Klassen nach draußen zu nehmen, ohne die zusätzlichen Begleitpersonen oder Genehmigungen, die bei Ausflügen an andere Orte nötig wären. Daher ist das Schaffen von vielfältigen Räumen und Gärten für das Draußenlernen auf dem Schulgelände eine leichte, barrierefreie Lösung, um den Kindern jeden Tag selbstbestimmtes und praktisches Lernen im Freien zu ermöglichen. So ein Lernraum im Freien maximiert die Randzone zwischen Kind und Natur und erhöht damit den Ertrag der Lernerfahrung. Ein:e lokale:r Permakulturgestaltende:r kann dabei helfen, einen solchen Raum für Kindergärten und Schulen zu gestalten. Wie man einen Lernraum im Freien schafft, wird auch in dem inspirierenden Buch „Outdoor Classrooms“ beschrieben (Nuttall und Millington, 2008).

Am „Rande der Gesellschaft“ gibt es viele Kinder, die zu Hause, in der Schule oder anderswo andere Erfahrungen machen, zum Beispiel solche, die zu Hause unterrichtet werden, ein Elternteil verloren haben, Geflüchtete sind, bei Pflegefamilien wohnen, eine andere Sprache sprechen, obdachlos sind und viele mehr. Es ist wichtig, die Erfahrungen dieser Minderheiten anzuerkennen und sensibel zu sein, um falsche Annahmen und Vorurteile zu vermeiden.

Fragen zum Reflektieren

- Welche Randzonen können erforscht oder entdeckt werden?
- Welche Art von Natur findet man hier – auf dem Spielplatz, in der Stadt, in der Schule, zu Hause oder im Park?
- Wie können Menschen, die am Rande der Gesellschaft leben oder Teil einer Minderheit sind, wertgeschätzt und/oder einbezogen werden?
- Wie können Pfade im Garten so angelegt werden, dass die Kinder überall hinkommen, ohne durch die Gemüsebeete zu laufen?
- Welche Begegnungsorte können für Ideen geschaffen werden, die sonst nicht geschätzt oder gehört werden würden?

12. NUTZE VERÄNDERUNG UND BEGEGNE IHR MIT EINFALLSREICHTUM

- Was können wir tun, wenn neue Dinge auftauchen?
- Was können wir tun, wenn wir mit unseren Freunden nicht einer Meinung sind?
- Auf wie viele Arten können wir ein Problem lösen?

In der Natur verändert sich alles, wenn sich die Bedingungen ändern und Lebenszyklen voranschreiten. Es gibt einen Prozess, der Sukzession genannt wird. Wenn zum Beispiel ein Feld brachgelegt werden würde, ohne dass Menschen eingreifen, würden innerhalb weniger Wochen viele kleine einjährige Pflanzen und nach ein paar Monaten größere mehrjährige Pflanzen wachsen. Nach ein oder zwei Jahren würden dann junge Bäume zwischen den mehrjährigen Kräutern und Büschen wachsen. Ein paar Jahre später würde daraus ein Wald entstehen.

Auf ähnliche Weise ändern sich auch die Interessen von Kindern, während sie sich geistig und entwicklungstechnisch verändern. In der Permakultur-Pädagogik können die Lehrenden diese Veränderungen bewusst nutzen, indem sie die Kinder beobachten und sie während ihrer Entwicklung in ihren individuellen Bedürfnissen unterstützen. So können sie in jeder Phase dabei unterstützt werden, sich zu entfalten.

Kinder werden älter und verlassen irgendwann den Kindergarten und die Schule. Lehrende können sich auf diesen Wechsel vorbereiten, indem sie ein „Buddy-System" einrichten, um dafür zu sorgen, dass das Wissen und die Fähigkeiten, die ältere Kinder erworben haben, wie zum Beispiel was, wie und wann man im Garten arbeitet, mit jüngeren Kindern geteilt wird, bevor sie gehen.

Bei diesem Prinzip geht es auch darum, auf spontane und unvorhersehbare Änderungen auf kreative Weise zu reagieren und sich anzupassen. Zeigen Lehrende positive Reaktionen auf Dinge, die spontan entstehen, können die Kinder davon lernen. Wenn es regnet, obwohl der Wetterbericht etwas anderes gesagt hat, kann die Gruppe in den Pfützen spielen und Dämme bauen, oder wenn plötzlich ein Vogel auftaucht, können die Lehrenden sich etwas Zeit nehmen, um das Geschenk der Natur wertzuschätzen. Auch wenn ein Kind etwas machen möchte, das nicht geplant war, kann man versuchen, diese Idee in den Tag zu integrieren.

Fragen zum Reflektieren

- Wie kann man Dinge integrieren, die spontan auftreten, die Dinge nehmen, wie sie kommen, und sie nutzen, auf sie reagieren und den Ertrag schätzen, den man aus ihnen erhält?
- Wie können Kinder dabei unterstützt werden, ihre eigenen Bedürfnisse zu erfüllen, wenn sich etwas ändert (z. B. die Routine, ein Projekt, der Plan, der Tag oder der Ort)?
- Wie können wir uns an Veränderung anpassen und Kolleginnen und Kollegen oder Kindern die neue Situation erklären?

II.2 MOLLISONS PRINZIPIEN

Diese Prinzipien wurden dem „Handbuch der Permakultur-Gestaltung“ von Bill Mollison (1988), einem der Mitbegründer der Permakultur, entnommen. Es handelt sich um die Denkweisen, auf denen der Gestaltungsansatz der Permakultur basiert und die diesen definieren. Es ist also wichtig, sie bei der Gestaltung der Sessions zu bedenken.

I. ARBEITE MIT DER NATUR, NICHT GEGEN SIE

- *Was würde die Natur hier tun?*
- *Wie würdest du dich fühlen, wenn du dieser Baum wärst? (oder Frosch, Libelle, Stein ...)*
- *Was tust du gern?*
- *Wie können wir sichergehen, dass das, was wir tun, für die Natur in Ordnung ist?*

Wenn ein Mensch natürliche Systeme, Muster, Prozesse oder Entwicklungen behindert oder auf andere Weise gegen die Natur arbeitet, wird es immer einen Kampf geben. Wenn man stattdessen herausfindet, was die Natur tun würde und dann diesen Prozess zulässt oder unterstützt, verringert das die Arbeit und macht sie angenehmer. Zum Beispiel fließt Wasser bergab. Daher ist es einfacher, Regenwasser an einem Ort aufzufangen, der höher liegt als der Garten und es dem Wasser dann zu ermöglichen, dorthin zu fließen, wo es gebraucht wird, anstatt es unten aufzufangen und dann den Hügel hochzutragen. Die Natur lässt auf kahlem Boden immer neue Pflanzen wachsen. Bedeckt man den Boden also mit Pflanzen oder Mulch, muss man weniger unerwünschte Pflanzen entfernen. In einem Feuchtgebiet muss viel weniger Energie aufgewandt werden, wenn man Pflanzen aussucht, die in einer feuchten Umgebung gedeihen, anstatt das feuchte Gebiet für Pflanzen auszutrocknen, die trockene Böden bevorzugen.

Jedes Kind ist einzigartig und hat unterschiedliche Bedürfnisse, Vorlieben und Abneigungen, Fähigkeiten und Fertigkeiten. Wenn Lehrende das bei der Planung einer Session berücksichtigen, können sie mit der Natur des Kindes oder der Gruppe von Kindern arbeiten. Braucht ein Kind zum Beispiel mehr Bewegung als andere, können Lehrende es unterstützen, indem sie ihm eine Aufgabe oder Rolle zuteilen, bei der es sich bewegen kann. Kinder können auch dazu animiert werden, ihre verschiedenen Fähigkeiten und Vorlieben mit anderen Kindern zu teilen.

Fragen zum Reflektieren

- Was ist die Natur dieses Kindes und wie können die Lehrenden damit arbeiten?
- Wie können Kinder dabei unterstützt werden, mit der Natur und den Eigenschaften des Ortes, der Lebewesen oder Werkzeuge, mit denen sie interagieren, zu arbeiten?

II. DAS PROBLEM IST DIE LÖSUNG (ALLES FUNKTIONIERT WECHSELSEITIG)

- *Was sind die Ursachen dieses Problems? Wie können wir eine Lösung für das Problem finden?*
- *Was ist das Gute an diesem Problem?*

Ganz nach dem Sprichwort „Jedes Übel hat sein Gutes" ist es möglich, in Problemen Lösungen zu erkennen. Gibt es zum Beispiel zu viele Nacktschnecken im Garten, kann man Enten anschaffen, die diese gerne fressen. Lässt man Kinder am Finden von Lösungen teilhaben, gibt das ihnen eine positive „Ich kann das"-Einstellung und befähigt sie, Lösungen für Situationen zu finden, denen sie im Laufe ihres Lebens vielleicht begegnen werden.

Manchmal können Lösungen auch dadurch gefunden werden, dass zwei (oder mehrere) Probleme zusammen betrachtet werden. So gab es zum Beispiel an einem Ort das Problem, dass Menschen ihren Müll abgeladen haben, darunter auch Dachziegel, während an einem anderen Ort ein großer Erdhaufen ein Problem war. Mit der Hilfe von einigen Kindern ist daraus eine wunderschöne Kräuterspirale in einem Garten für Kinder entstanden.

Fragen zum Reflektieren

- Wie erhalten Kinder die Möglichkeit, auf kreative Art und Weise Probleme zu lösen oder ein Problem von einer anderen Seite zu betrachten?
- Wie kann etwas, das zunächst wie ein Problem erscheint, in etwas Positives umgewandelt werden?
- Wie kann man Kinder in die Bewältigung von Herausforderungen oder Schwierigkeiten einbeziehen?

III. MINIMALER AUFWAND FÜR EINEN MAXIMALEN EFFEKT

- *Wie können wir die Natur für uns arbeiten lassen?*
- *Wie können wir Reisen oder Dinge transportieren, ohne dabei Benzin oder Diesel zu verwenden?*

Bei diesem Prinzip geht es darum, „so wenig wie möglich für den größtmöglichen Effekt" zu verändern. (S. 15, Mollison, 1988). Gestaltende oder Lehrende sollten so wenig eigene Energie wie möglich aufwenden, um einen maximalen Ertrag zu erzielen (Ertrag wurde oben im 3. Prinzip nach Holmgren definiert). Menschen denken sich oft große und komplizierte Lösungen aus, obwohl etwas viel Einfacheres eigentlich ausreichen würde. Es gibt Situationen, bei denen man zwei getrennte Dinge auf eine Art und Weise verbinden kann, die es ermöglicht, die Outputs eines Systems zu den Inputs eines anderen zu machen und dadurch den maximalen Effekt durch minimalen Aufwand zu erzielen. Lebt man zum Beispiel in einer kalten Region und baut ein Gewächshaus an die Sonnenseite eines Hühnerstalls, geht die von den Hühnern abgegebene Wärme in das Gewächshaus über und verlängert den Wachstumszeitraum. Die nicht genutzten Pflanzenteile aus dem Gewächshaus können wiederum als Hühnerfutter dienen.

Die Verwendung von fossilen Brennstoffen lässt Arbeit zwar oft leichter erscheinen, doch verbraucht die Verbrennung dieser Brennstoffe in Wirklichkeit riesige Mengen an Energie. Zum Beispiel verbraucht das Fahren eines Traktors zum Schneiden einer Hecke viel mehr Energie als die Verwendung einer Heckenschere, denn der Traktor muss mit all seinem zusätzlichen Gewicht und Reibung bewegt werden. Auch das Pflanzen und Mulchen eines Obstbaums zusammen mit Partnerpflanzen stellt viel weniger Arbeit dar als das Säen und Pflegen von einjährigem Gemüse und kann schließlich einen höheren Ertrag bringen.

Hauptsache Permakultur & Bio-Gärtnern

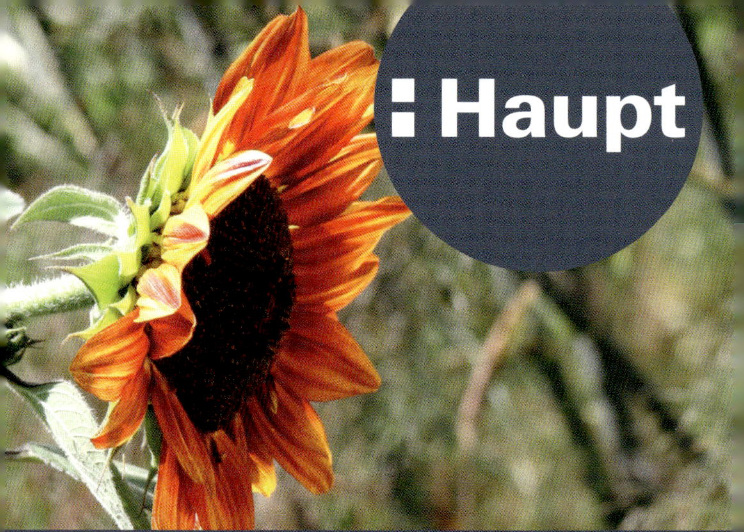

Haupt ist ein führender, unabhängiger Natur- und Gartenbuch-Verlag.

Unser Gesamtverzeichnis finden Sie auf

www.hauptverlag.com

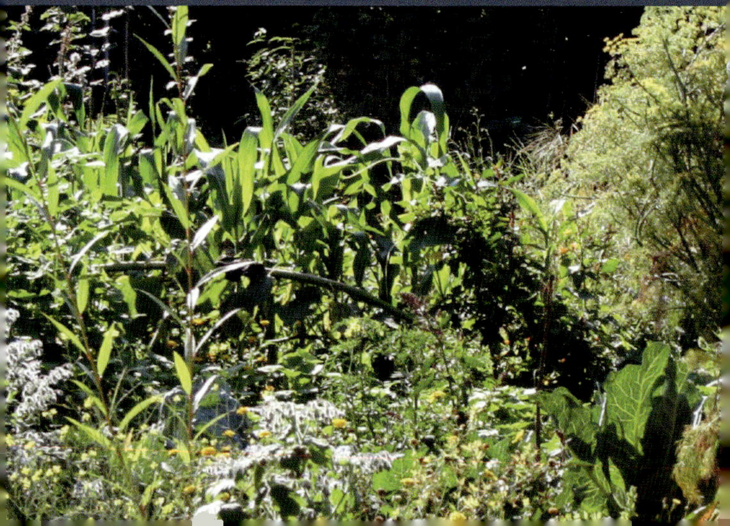

Fragen zum Reflektieren

• Kann der gleiche Effekt mit weniger Energie erzielt werden?
• Wie kann die Natur die Arbeit verrichten statt man selbst oder fossiler Brennstoff?
• Ist das neue Multifunktionsgebäude wirklich notwendig oder reichen Planen und bereits existierende Gebäude im Wald?
• Wie können Dinge, die regelmäßiger Pflege bedürfen, an einem Ort platziert werden, an dem man fast jeden Tag vorbeikommt?

IV. DER ERTRAG EINES SYSTEMS IST THEORETISCH GRENZENLOS

- Welche Dinge könnte man hiermit oder hieraus noch machen?
- Gibt es für etwas einen neuen Verwendungszweck, an den wir bis jetzt noch nicht gedacht haben?

In der Permakultur werden all jene Dinge als Ertrag betrachtet, die wir aus etwas ernten können, sei es physisch, psychisch oder auch pädagogisch.

Dieses Prinzip wird auch als „Der Ertrag wird nur durch Vorstellungskraft oder das Wissen der Gestaltenden begrenzt“ ausgedrückt. Denn wenn eine Person an einen neuen Ort kommt, kann sie oft neue Erträge erkennen, die aus diesem System gewonnen werden können. Zum Beispiel könnte ein:e Gärtner:in denken, dass er/sie alle möglichen Erträge aus einem Waldgarten erhält, bis ein:e Lehrende:r dazukommt und vorschlägt, einen Nistkasten für Schleiereulen zu bauen oder eine Gruppe Kinder herzubringen, damit diese alles über den Waldgarten lernen und eine Verbindung zur Natur aufbauen. Über alle möglichen Funktionen nachzudenken, kann dabei helfen, mehr Erträge aus demselben System zu ernten und wertzuschätzen.

Fragen zum Reflektieren

• Wie können aus derselben Aktivität oder demselben System mehr Erträge erzielt werden?
• Wie können Kinder daran beteiligt werden, neue Verwendung für die Ressourcen zu finden?

V. ALLES GÄRTNERT (ODER BEEINFLUSST SEINE UMGEBUNG)

- *Wie verändert dieser Stein (oder Pflanze, Tier, Baum usw.) seine Umgebung?*
- *Was tut diese Pflanze (oder Tier, Insekt, Baum usw.), das anderen Pflanzen oder Tieren hilft?*
- *Was tut dieses Insekt (oder Tier, Baum usw.), um sein Leben einfacher zu machen?*

Wenn Menschen gärtnern, verändern sie ihre Umwelt, um bestimmte Ergebnisse zu erzielen. Dieses Prinzip bezieht sich darauf, dass alles ständig seine Umgebung beeinflusst (manchmal mit bestimmten Ergebnissen als Ziel). Steine verändern ihre Umgebung zum Beispiel, indem sie Tieren einen Lebensraum bieten, auf einer Seite Schatten werfen und die Wärme der Sonne aufnehmen und in der Nacht wieder abgeben. Kinder und Lehrende könnten ein Spiel spielen, wie zum Beispiel das Netz des Lebens, um zu besprechen, was ein Ding tut und wie es alles andere beeinflusst (z. B. fressen Würmer tote Blätter, scheiden sie aus, atmen und ermöglichen so das Leben von Pflanzen und damit auch von Tieren).

Kinder beeinflussen ihre Umgebung ständig, und mit Unterstützung können sie lernen, einen positiven Einfluss zu haben. Wenn Kinder zum Beispiel einen Damm über einen Fluss gebaut haben, können sie und die Lehrenden am Ende des Spiels besprechen, ob der Damm bleiben oder abgebaut werden sollte, zum Beispiel, indem sie sich auch überlegen, was passieren wird, wenn es das nächste Mal stark regnet.

Fragen zum Reflektieren

- Wie können die Beiträge der Kinder berücksichtigt werden, da sie auch gärtnern (und Erwachsenen und anderen Kindern etwas beibringen können)?
- Wie kann die Natur Kinder unterrichten? Ist es möglich, Dinge zu nutzen, die spontan in der Natur auftreten?
- Wie können Kinder und Lehrende zusammenarbeiten, um sicherzugehen, dass ihr Einfluss positiv ist?

ZUSAMMENFASSUNG

Zusammenfassend kann gesagt werden, dass sowohl Holmgrens als auch Mollisons Prinzipien als eine Art Brille verwendet werden können, durch die man das ganze Bildungssystem sehen und so den Umgang der Lehrenden mit den Kindern, die Aktivitäten, die verwendeten Materialien, die Orte, die Zeit, die draußen und drinnen verbracht wird, die Kommunikation der Lehrenden mit Eltern oder Kollegen und Kolleginnen und vieles mehr neu gestaltet werden kann.

KAPITEL III

DAS KINDER IN-DER-PERMAKULTUR-CURRICULUM

Das Kinder-in-der-Permakultur-Curriculum bildet den Rahmen für die Berücksichtigung all der verschiedenen Bereiche der Permakultur bei der Bildungsarbeit mit Kindern. Es ist innovativ, da es auf diese Weise noch nicht zuvor präsentiert wurde, und es schafft Klarheit über die pädagogische Anwendbarkeit für zwei Altersgruppen. Das KiP-Curriculum wurde erstellt, um einen umfassenden Überblick über die Bandbreite der Permakultur für Kinder zu bieten. Dafür wurden Themenbereiche gewählt, die Spaß machen, interessant und sinnstiftend sind und es den Kindern ermöglichen, die Natur zu erleben, zu verstehen und eine Verbindung zu ihr aufzubauen. Dadurch erhalten Kinder und Lehrende zugleich die Werkzeuge an die Hand, die sie benötigen, um in einer sich stetig ändernden Welt nachhaltig zu leben.

Das Curriculum, das hier umrissen wird, bildet die Grundlage für Kapitel vier, in dem für jedes Unterthema Aktivitäten aufgelistet werden, die „Augen, Hände, Herz und Kopf" ansprechen.

Das KiP-Curriculum orientiert sich am Curriculum des britischen *Permaculture Design Course* (PDC) für Erwachsene, das wiederum auf dem Curriculum basiert, das Permakultur-Mitbegründer Bill Mollison vor knapp 40 Jahren entwickelt hat. Das PDC-Curriculum ist nach den Prinzipien der Permakultur strukturiert und hat sich in über 30 Jahren Permakultur-Unterricht bewährt. Die britische *Permaculture Association* hat den Kurs zudem vor Kurzem aktualisiert, sodass er die derzeit beste Praxis der Permakultur Ausbildung in Europa widerspiegelt.

Das KiP-Curriculum basiert außerdem auf der Arbeit der Hauptvertreter:innen des Projekts „Children in Permaculture" sowie auf Feedback von Lehrenden aus verschiedensten Arbeitsbereichen in ganz Europa mit unterschiedlichen Bildungssystemen und unterschiedlichen Klimata und nimmt zudem Bezug auf Nuttall und Millingtons wegweisendes Buch „Outdoor Classrooms" (2008).

Das KiP-Curriculum besteht aus sechs Themenbereichen, 15 Themen und vielen weiteren Unterthemen (siehe Tabelle 1). In den sechs Themen-

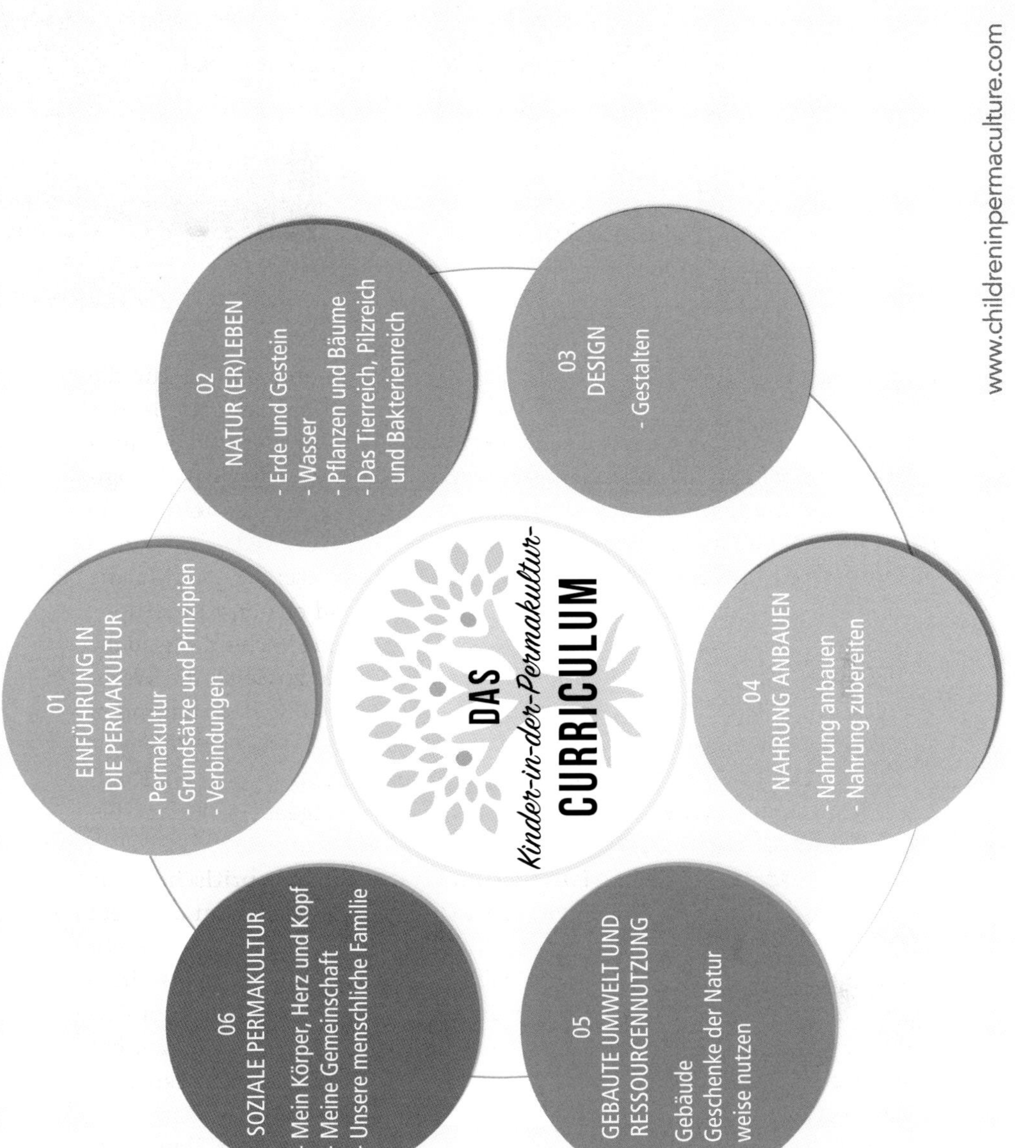

DAS
Kinder-in-der-Permakultur-
CURRICULUM

01
EINFÜHRUNG IN DIE PERMAKULTUR
- Permakultur
- Grundsätze und Prinzipien
- Verbindungen

02
NATUR (ER)LEBEN
- Erde und Gestein
- Wasser
- Pflanzen und Bäume
- Das Tierreich, Pilzreich und Bakterienreich

03
DESIGN
- Gestalten

04
NAHRUNG ANBAUEN
- Nahrung anbauen
- Nahrung zubereiten

05
GEBAUTE UMWELT UND RESSOURCENNUTZUNG
- Gebäude
- Geschenke der Natur weise nutzen

06
SOZIALE PERMAKULTUR
- Mein Körper, Herz und Kopf
- Meine Gemeinschaft
- Unsere menschliche Familie

www.childreninpermaculture.com

Abbildung 1: Das Kinder-in-der-Permakultur-Curriculum

bereichen wurden verschiedene PDC-Themen so zusammengeführt, dass sie für Kinder ansprechend sind und zugleich eine ganzheitliche Vermittlung von Permakultur ermöglichen. Sie bieten eine kohärente Übersicht über den Inhalt der Permakultur-Pädagogik. Die Themenbereiche sind:

- Einführung in die Permakultur
- Natur (er)leben
- Design
- Nahrung anbauen
- Gebaute Umwelt und Ressourcennutzung
- Soziale Permakultur

Jeder Themenbereich ist in weitere Themen unterteilt. Es gibt insgesamt 15 Themen, die für Menschen jeden Alters relevant sind. Der Themenbereich „Einführung in die Permakultur" wird zum Beispiel in zwei Themen unterteilt:

- Grundsätze und Prinzipien der Permakultur
- Verbindungen

In der Tabelle auf Seite 56 kann man sehen, dass jedes Thema in Unterthemen unterteilt ist. Die Unterthemen sind da, um die Themen zu vertiefen, Lehrende zu inspirieren, altersgerechte Ressourcen bereitzustellen und den Lehrenden eine klare Übersicht über den Inhalt der Permakultur zu geben.

Alle Unterthemen, die für 3- bis 6-Jährige relevant sind, sind auch für Kinder im Alter von 7 bis 12 relevant, aber nicht umgekehrt. Das Unterthema „Die Grundsätze der Permakultur: Sorge für die Erde, Sorge für die Menschen, Gerechtes Teilen" zum Beispiel, das für 3- bis 6-Jährige aufgelistet ist, ist auch für Kinder zwischen 7 und 12 Jahren relevant (wird dann aber vielleicht durch andere Aktivitäten vermittelt). Das Unterthema „Was ist Permakultur?" (das für 7- bis 12-Jährige gedacht ist) ist nicht geeignet für Kinder zwischen 3 und 6 Jahren, da es für diese Altersgruppe, in der mehr Wert auf das Spielerische gelegt wird, zu abstrakt sein kann.

In der Natur sind alle Systeme miteinander verbunden. Genauso gibt es auch bei den Themenbereichen, Themen und Unterthemen des KiP-Curriculums Überschneidungen und Verbindungen. Ein gutes Beispiel sind die Themenbereiche „Natur (er)leben" und „Nahrung anbauen", die sich beide mit Pflanzen beschäftigen. Bespricht man Pflanzen im Themenbereich „Natur (er)leben", so geht es in den Unterthemen darum, wie Pflanzen ohne Zutun des Menschen wachsen, während es im Themenbereich „Nahrung anbauen“ in den Unterthemen darum geht, wie sich Menschen im Permakultursystem um Pflanzen kümmern.

Tabelle 1

THEMENBEREICH		THEMA	UNTERTHEMEN FÜR 3–6 JAHRE:	UNTERTHEMEN 7–12 JAHRE (ZUSÄTZLICH ZU DENEN FÜR 3–6 JAHRE):
A EINFÜHRUNG IN DIE PERMAKULTUR	1	GRUNDSÄTZE UND PRINZIPIEN DER PERMAKULTUR	• Die Grundsätze der Permakultur: Sorge für die Erde, Sorge für die Menschen, Gerechtes Teilen	• Was ist Permakultur? • Die Prinzipien der Permakultur (Mollisons und/oder Holmgrens)
	2	VERBINDUNGEN	• Die große Familie der Natur: Die ganze Natur ist vernetzt • Muster erkennen	• Das Netz des Lebens • Das große Ganze sehen • Muster erforschen
B NATUR (ER)LEBEN	3	ERDE UND GESTEIN	• Boden und Leben im Boden erforschen • Steine • Verschiedene Landschaften kennenlernen	• Bodenarten und Bodentests • Bioindikatoren
	4	WASSER	• Im Wasser spielen • Wasser auffangen und speichern • Wasser fürs Leben	• Die Eigenschaften des Wassers • Ökosysteme des Wassers
	5	PFLANZEN UND BÄUME	• Pflanzen und Bäume erforschen und benennen • Bushcraft • Feuer	• Kunst und Handwerk aus natürlichen Materialien schaffen • Eigenschaften und Nutzen von verschiedenen wilden und Kulturpflanzen und -bäumen kennenlernen
	6	DAS TIERREICH, PILZREICH UND BAKTERIENREICH	• Tierfamilien, -häuser, -namen, -fährten und andere Hinweise • Pilze	• Die mikroskopische Welt • Pilze: Parasiten, Recycler und das Wood Wide Web • Das Tierreich: Muster, Funktionen, Beziehungen
	7	LUFT	• Wetter • Atem	• Wetter messen • Mikroklimata • Wie das Klima Lebensräume und Kulturen beeinflusst • Sterne, Planeten, Mond, Sonne
C DESIGN	8	GESTALTEN	• Kreatives Ausdrücken • Entscheidungen treffen • Designs sehen und teilen	• Erforschung der Landschaft und Leute • Analyse der Ergebnisse • Gestalten und Entscheiden • Umsetzung: ins Handeln kommen • Instandhaltung – sich um die eigene Kreation kümmern

THEMENBEREICH		THEMA	UNTERTHEMEN FÜR 3–6 JAHRE:	UNTERTHEMEN 7–12 JAHRE (ZUSÄTZLICH ZU DENEN FÜR 3–6 JAHRE):
D NAHRUNG ANBAUEN	9	NAHRUNG ANBAUEN	• Helfen, Nahrung anzubauen • Sich um den Boden kümmern • Waldgärten • Tiere und Permakultur	• Nahrung anbauen mit Permakultur • Partnerpflanzen und Nährstofflieferanten
	10	NAHRUNG ZUBEREITEN	• Beim Essen zubereiten helfen und zusammen essen	• Angebaute und gesammelte Ernten planen und verwenden • Kochen und Backen • Lebensmittelhygiene • Gesund essen
E GEBAUTE UMWELT UND RESSOURCENNUTZUNG	11	GEBÄUDE	• Unterkünfte • Mit natürlichen Materialien bauen und forschen	• Unterschlupf • Bionik • Isolierung und Abdichtung
	12	GESCHENKE DER NATUR WEISE NUTZEN	• Handarbeiten • Was wird aus unserem Abfall?	• Wo Ressourcen herkommen und die Auswirkungen ihrer Verwendung • Fossile Brennstoffe, Klimawandel und Ölfördermaximum • Wie verbrauchen wir weniger: ablehnen, reduzieren, wiederverwenden, reparieren, recyceln • Lösungen für ein nachhaltiges Leben finden
F SOZIALE PERMAKULTUR	13	MEIN KÖRPER, HERZ UND KOPF	• Mich um meinen Körper, mein Herz und meinen Kopf kümmern • Gefühle, Bedürfnisse und Gedanken • Ruhezeit	• Arten zu lernen • Ich-Bewusstsein • Wofür ich mich begeistere und interessiere • Selbstdarstellung durch Körper, Herz und Kopf
	14	MEINE GEMEINSCHAFT	• Kommunikation • Familie, Nachbarn und Freunde • Zusammen spielen und teilen	• Leben in einer Gemeinschaft • Entscheidungen treffen in der Gruppe • Konflikte lösen • Teamwork
	15	UNSERE MENSCHLICHE FAMILIE	• Meine menschliche Familie • Viele Sprachen und Kulturen • Frieden und Harmonie	• Friede, Diversität und Harmonie in der Welt • Ethischer Handel und Tausch • Karriere und Arbeit in der Permakultur

KAPITEL IV

INSPIRATION FÜR AKTIVITÄTEN

Dieses Kapitel geht näher auf die Unterthemen des KiP-Curriculums ein und enthält Ideen, die die Lehrenden dazu inspirieren sollen, Aktivitäten zu ermöglichen, die Kinder ganzheitlich ansprechen und „Augen, Hände, Herz und Kopf" miteinbeziehen. Lehrende können diese Ideen weiter ausarbeiten und darauf aufbauend Sessionpläne entwickeln, die auf den Interessen der Kinder oder laufenden Forschungsprojekten basieren. Einige der Projekte können zusätzliche Permakultur-Kenntnisse oder -Fähigkeiten erfordern. In diesem Fall ist es hilfreich, sich von einer lokalen Permakultur-Organisation oder einem/r lokalen KiP-Lehrenden helfen zu lassen.

Natürlich gibt es eine unendliche Anzahl an möglichen Aktivitäten. Die nachfolgenden Ideen sind daher nicht als vollständig oder abgeschlossen zu betrachten. Vielmehr sollen sie Lehrenden Anregungen bieten, wie sie Kinder für die Permakultur begeistern können und wie sie dabei zugleich mit der Natur der Kinder arbeiten können. Während der Arbeit mit Kindern entstehen meist viele neue Ideen und Inspirationen, sowohl von den Kindern selbst als auch von den Lehrenden, und auch diese können zu einem vollständigen Sessionplan weiterentwickelt werden. Auch einige der nachfolgend aufgeführten Ideen sind von Kindern inspiriert worden. Aus Platzgründen werden in diesem Kapitel nur „Inspiration für Aktivitäten" zu fünf Themen des KiP-Curriculums aufgeführt. Diese Themen wurden in der Umfrage *Survey of Resources for Engaging Children in Permaculture* (Alderslowe, Amus, Cifarelli, Deshaies, Dumitrescu, Kastelic, Petru und Velehradska, 2016) als die Bereiche identifiziert, zu denen es bisher am wenigsten Materialien gibt und die daher einen hohen praktischen Nutzen für die Vermittlung von Permakultur haben. Diese Themen sind „1. Grundsätze und Prinzipien der Permakultur", „2. Verbindungen", „3. Boden und Gestein", „8. Gestalten" und „9. Nahrung anbauen".

Mehr Inspiration für Aktivitäten zu diesen und anderen Themenbereichen sind auf der CiP-Website (siehe Kontaktseite) zu finden.

A. EINFÜHRUNG IN DIE PERMAKULTUR

1. GRUNDSÄTZE UND PRINZIPIEN DER PERMAKULTUR

Die Grundsätze der Permakultur, Sorge für die Erde, Sorge für die Menschen und Gerechtes Teilen, bilden die Grundlage für ein ethisches, nachhaltiges Leben im Einklang mit der Natur und anderen Menschen. Diese drei Grundsätze können zum Beispiel mithilfe von Geschichten, Liedern oder Rollenspielen in das Leben eines Kindes gebracht werden oder auch durch eine Umwelt, in der diese Grundsätze gelebt werden. Die Grundsätze sind ein wichtiges Werkzeug, um Permakultur in der Schule, im Kindergarten, zu Hause oder in anderen Umgebungen einzubringen. Sie sind von klein auf verständlich und können genutzt werden, um zu überlegen, ob eine bestimmte Geschichte oder eine reale Situation ein Beispiel für das Sorgen für die Erde, das Sorgen für die Menschen und für ein Gerechtes Teilen ist. Ältere Kinder können durch die Vermittlung der Permakultur-Prinzipien dabei unterstützt werden, die Natur zu verstehen, von ihr zu lernen und die Dinge ganzheitlich zu betrachten sowie das Gelernte auf Designs und andere Entscheidungen anzuwenden.

Die Grundsätze der Permakultur: *Sorge für die Erde, Sorge für die Menschen und Gerechtes Teilen*

- Sehen und hören, wie Menschen andere dabei unterstützen, sich wohlzufühlen (z. B. ein Sitzkreis).
- Erkennen, wie uns Pflanzen mitteilen, was sie brauchen (trockene Erde, welkende Blätter, gelbe Blätter, kranke Blätter).

- Praktische Fertigkeiten erwerben, um für die Erde zu sorgen, z. B. Pflanzen gießen, kompostieren, Tiere füttern.
- Sich um die eigenen Bedürfnisse und diejenigen von Freunden kümmern, z. B. mit Massagen, Umarmungen oder freundlichen Worten.
- Gerechtes Teilen mit Menschen (z. B. Essen, Spielzeug), Tieren und Pflanzen (z. B. eine Pflanze mit übrig gebliebenem Wasser gießen) üben.

- Täglich mit der Natur teilen, z. B. Speisereste auf den Kompost bringen, der Erde danken und den Menschen, die unser Essen zubereitet haben; Früchte teilen und Samen aufbewahren.

- Geschichten über den Überschuss der Natur und über saisonale Traditionen oder Rituale hören, mit denen die Erde gefeiert wird.

- Einen Permakultur-Grundsatz (z. B. „Sorge für die Menschen“) mit einer Aktivität, die die Kinder am Tag durchgeführt haben, verbinden.

Die Grundsätze der Permakultur: *Sorge für die Erde, Sorge für die Menschen und Gerechtes Teilen*

- Nach guten Beispielen für Sorge für die Erde, Sorge für die Menschen und Gerechtes Teilen suchen (z. B. in einem Garten).

- Eine Tabelle anlegen und im Laufe der Woche Beispiele für Sorge für die Erde, Sorge für die Menschen und Gerechtes Teilen eintragen.
- Ein Reparatur-Café organisieren, kaputte Gegenstände hinbringen und diese gemeinsam reparieren (z. B. Fahrräder, Bücher, Spielzeuge), anstatt sie wegzuwerfen – um dafür zu sorgen, dass Ressourcen länger halten.
- Sich einen Tag lang um einen anderen Menschen kümmern.

- Reflektieren, wie sich die Grundsätze der Permakultur im Verhalten widerspiegeln (z. B. die Frage diskutieren: „Inwiefern haben wir heute für andere Menschen gesorgt?“)
- Gemeinsam Gedichte über das Miteinander-Teilen und Füreinander-Sorgen aufsagen oder schreiben.

- Die Permakultur-Grundsätze als drei sich überlappende Kreise (Venn-Diagramm) verstehen und nach Handlungen oder Beispielen suchen, die in der Mitte liegen können, also allen drei Grundsätzen entsprechen (z. B. Nahrungsmittel anbauen als Teil der Sorge für die Erde, da es dadurch zu weniger Transport kommt, als Teil der Sorge für die Menschen, weil das Essen frisch und chemikalienfrei ist, und als Teil von Gerechtem Teilen, weil anderswo keine Ressourcen weggenommen werden).

Was ist Permakultur?

- In von der Permakultur inspirierten Gärten Zeit verbringen und sie mit allen Sinnen wahrnehmen.
- An einer Führung teilnehmen, bei der erklärt wird, wie Permakultur an diesem Ort angewandt wird.

- Eine Fotocollage erstellen, die den Unterschied zwischen Monokultur und Permakultur zeigt.

- Ein Puppenspiel oder eine Aufführung vorbereiten, um zu zeigen, was Permakultur ist.
- Mit geschlossenen Augen eine Reise durch eine Welt des Überschusses und im Einklang mit der Natur visualisieren und das Erlebte in einem Text oder einer Zeichnung auszudrücken versuchen.

- Gemeinsam erforschen, wieso man weniger Energie benötigt, wenn man mit der Natur arbeitet, z. B. indem auf verschiedene Arten Wasser für einen Folientunnel gesammelt wird (z. B. Wasser aus dem Wasserhahn vs. Wasser vom Dach des Folientunnels).
- Den Unterschied zwischen Wollen und Brauchen diskutieren.

Die Prinzipien der Permakultur (Mollisons und/oder Holmgrens)

- Die Prinzipien der Permakultur an einem bestimmten Ort, z. B. in einem Garten, entdecken und beobachten.
- Eine Fotocollage erstellen, die den Unterschied zwischen Monokultur und Permakultur zeigt.

- Fähigkeiten entwickeln, die mit den Permakultur-Prinzipien in Verbindung stehen, z. B. „Sammle und speichere Energie“, indem gelernt wird, wie Gurken eingelegt werden.
- Kinder dazu einladen, eigene Spiele zu entwickeln, in denen die Prinzipien der Permakultur eine Rolle spielen.
- Überlegen, wie das Prinzip „Produziere keinen Abfall“ in der eigenen Schule oder Gruppe umgesetzt werden kann, z. B. durch die beidseitige Nutzung von Papier, durch Recycling oder die Verwendung von Materialien, die biologisch abbaubar sind.

- Lieder über Permakultur und ihre Prinzipien singen (siehe zum Beispiel *Formidable Vegetable Sound System*, 2013).

- Die Kinder am Ende einer Aktivität zu einem Feedback auffordern und ihnen ebenfalls eines zurückgeben, dann gemeinsam überlegen, wie etwas das nächste Mal besser gemacht werden kann.
- Lernen, dass Permakultur auf Prinzipien basiert, die helfen, unser Handeln so zu gestalten, dass wir unsere Bedürfnisse auf eine Art und Weise erfüllen können, die das Leben für uns und andere Lebewesen erhält.
- Nach einer Exkursion (z. B. in einen anderen Stadtteil, ein Altersheim, einen Wald oder zu einem Bauernhof usw.) diskutieren, wie die Prinzipien „Nutze und schätze Vielfalt“ und „Integriere lieber als zu trennen“ uns helfen können, zu verstehen, dass jede Person anders ist und über unterschiedliche Fähigkeiten und Fertigkeiten verfügt, und darüber nachdenken, wie wir sicherstellen können, dass wir alle einbeziehen.

2. VERBINDUNGEN

Das Netz des Lebens ist abhängig von Verbindungen – zwischen Individuen der gleichen Art, zwischen verschiedenen Arten, verschiedenen Reichen und Elementen, wie Wasser, Stein und Luft.

Erlebt man die Welt in der frühen Kindheit durch tägliche Interaktionen mit der Natur, Geschichten und Liedern als eine große, miteinander verbundene Familie, kann das zu lebenslangem ganzheitlichen und inklusivem Denken führen. Indem die Kinder sehen, wie ein System, das aus vielen verschiedenen Elementen besteht, viele Verbindungen ermöglicht, können sie lernen, dass jeder Teil eines Systems das Ganze beeinflusst und dass das Ganze größer sein kann als die Summe seiner Teile.

Seit 4,5 Milliarden Jahren gibt es Leben auf der Erde und die natürlichen Systeme haben in dieser Zeit gelernt, wie sie durch Muster, zum Beispiel Spiralen und Verästelungen, Widerstandsfähigkeit aufbauen können (siehe Seite 37). Diese Muster in natürlichen und anderen Systemen zu entdecken, kann eine wertvolle Erfahrung sein und Kindern dabei helfen, die Natur besser zu verstehen. Dieses Wissen wiederum ist der erste Schritt, um in Zukunft miteinander verbundene, widerstandsfähige Systeme zu gestalten.

3–6 JAHRE

Die große Familie der Natur: Die ganze Natur ist vernetzt und wir alle brauchen einander

- Sichtbare Beispiele für Vernetzungen erkennen (z. B. Beweise dafür, dass ein Tier eine Pflanze oder ein Tier frisst; ein Pilz, der aus einem Holzstück wächst).
- In einer natürlichen Umgebung Zeit verbringen und stillsitzen, um Geräusche wahrzunehmen, zu beobachten und zuzuhören.

- Nach Anzeichen für Pilzwurzeln und -fruchtkörpern suchen: unter Holzstämmen nach Pilzgeflechten, in der Nähe von Bäumen nach Pilzen und in altem Obst nach Schimmel.

- Erleben, wie Erwachsene Bewunderung für die natürliche Umgebung zeigen.
- Nach draußen gehen und einen Weg finden, die eigene Verbundenheit zu einem natürlichen Element auszudrücken (z. B. einen Baum umarmen, ein Tier streicheln, an einer Blume riechen, im Schlamm spielen).

- Mehr über Pilze erfahren und die große Familie der Natur erforschen.

Das Netz des Lebens

- Unterschiedliche natürliche System mit vielen verschiedenen Pflanzen-, Tier-, Pilz- und Bakterienarten sehen und erleben.

- An einer „Netz des Lebens“-Aktivität teilnehmen: In einem Kreis übernimmt jede Person die Rolle eines natürlichen Elements (z. B. Fluss/Eiche/Mücke/Schwalbe). Eine Person hat ein Knäuel Schnur. Sie sagt, wie sie mit einem anderen Element verbunden ist (z. B. Schwalbe frisst Fliege; Fledermaus lebt im Baum) und wirft das Knäuel dieser Person zu, wobei sie das Ende der Schnur in der Hand behält. Das wird so lange wiederholt, bis alle über die Schnur zu einem Netz verbunden sind und kann so lange fortgesetzt werden, bis alle Elemente mehrere Verbindungen haben. Beobachten, was passiert, wenn ein Element zerstört wird (das Kind lässt die Schnur fallen). Weitere Elemente aus dem Netz nehmen und beobachten, was mit dem Netz des Lebens passiert.

- Eine Verbindung zwischen einer Pflanze, einem Tier oder etwas anderem künstlerisch darstellen (z. B. zeichnen, malen oder mit Lehm modellieren)
- Im Wald übernachten, um eine tiefere Verbindung zur Natur und zueinander aufzubauen.
- Alle Inputs und Outputs für ein übliches Nahrungsmittel der Menschen (z. B. Saft) aufzählen. Kreativ werden und sehen, wie weit zurück (mit Inputs) und wie weit vor (mit Outputs) man kommt. Wie könnte man dieses Nahrungsmittel, oder einen Ersatz dafür, aus einem geschlossenen Kreislauf gewinnen, bei dem die Outputs einer Sache zu Inputs für eine andere Sache werden?

- An den Effekt denken, den man selbst auf den Rest der Welt hat, indem man die tollen Dinge feiert, die man bereits tut.

- Darüber nachdenken, wie alle Lebewesen miteinander verbunden sind, z. B. durch Essen, Ausscheiden und Atmen.
- Lernen, wie alle Lebewesen auf Sonne, Wasser, Erde und Luft sowie auf andere Pflanzen, Tiere, Pilze und Bakterien angewiesen sind, um leben zu können, z. B., indem man zueinanderpassende Karten zusammenlegt, auf denen die unterschiedlichen Elemente gemalt wurden.

Muster

- Verästelungen und Spiralen in verschiedenen natürlichen Systemen erkennen (z. B. Wasser, Blumen, wachsende Pflanzen).
- Gemeinsamkeiten zwischen Menschen und Tieren erkennen (essen, schlafen, ausscheiden …).
- Pflanzen, Insekten und Vögel beobachten, die zu einer Jahreszeit besonders häufig vorkommen.

- Dinge sammeln, von denen es in dieser Jahreszeit viele gibt, z. B. Beeren oder Blätter.

- Zusammen Schlaginstrumente spielen, wobei Gruppen unterschiedliche Rhythmen spielen, die sich wie in einem Orchester zusammenfügen.

- Mehr über die verschiedenen jahreszeitlichen Muster lernen.

Muster

- Fraktale erkennen (z. B. in Blumenkohl oder Farnen).
- Das gleiche Muster in verschiedenen natürlichen Systemen entdecken (z. B. das Verästelungsmuster in Bäumen, Flüssen, Blättern und Lungen).

- Natürliche Muster (z. B. Wellen, Streuung, Spiralen, Netze, Überlappungen) in verschiedenen Systemen (z. B. Spiralen in Flüssen, Blumen und Schnecken) entdecken und versuchen, die Funktion des Musters zu erkennen, z. B. Verästelungen zum Sammeln und Verteilen, Spiralen für Wachstum.

- Eine Verbindung zu einem Muster in der Natur aufbauen und es in einer beliebigen Kunstform ausdrücken (tanzen, zeichnen, malen).
- Zusammen Musik machen. Zum Beispiel „fängt“ jede Person in der Natur ein Geräusch „ein“ (z. B. das Aneinanderschlagen von zwei Stöcken, auf Wasser schlagen, das Geräusch eines Vogels nachahmen). Danach setzen sich alle in einen Kreis und jede Person stellt der Gruppe ihr Geräusch einzeln vor. Dann übernimmt eine Person die Rolle des/r Dirigierenden, indem sie auf eine Person zeigt, die dann ihr Geräusch macht. Nach und nach steigen alle mit ihrem Geräusch in das „Orchester“ ein.

- Mehr über das Permakultur-Prinzip „Gestalte vom Muster hin zum Detail“ erfahren, indem z. B. die Äste eines Baumes und seine Blätter untersucht werden und danach besprochen wird, wie die Natur Muster verwendet werden und warum.
- Muster in täglichen, solaren, jahreszeitlichen und lunaren Zyklen erforschen und verstehen, dass wir alle in großen und kleinen Zyklen leben und von diesen beeinflusst werden.

Das große Ganze sehen

- Den Wald und die Bäume sehen (wortwörtlich auf einen Hügel steigen, um den Wald zu sehen) und das Erlebnis mit dem „Im Wald sein“ vergleichen.

- Die Maske eines lokal vorkommenden Tieres oder einer Pflanze basteln und für eine Weile zu diesem Wesen werden. Wie fühlt es sich an? Wie wird es von Menschen beeinflusst? Was können Menschen von ihm lernen?
- Ein örtliches Beispiel für die Umweltzerstörung suchen (z. B. illegale Müllhalden, Bäume, die gefällt werden sollen) und alle Ursachen und Folgen dieses Problems in Erfahrung bringen. Zusammen überlegen, was getan werden kann, um die Zerstörung aufzuhalten (z. B. Briefe schreiben, einen Aushang in der Schule machen, eine Petition starten).

- Wege finden, um auszudrücken, wie man mit der Natur verbunden ist – durch Gedichte, Gesang, Tanz, Malen oder andere Formen des kreativen Ausdrucks.

- Die vielen Leistungen untersuchen, welche die Natur für die Menschen erbringt, z. B. die Reinigung der Luft durch Bäume, die Bestäubung der Pflanzen durch Insekten usw.

B. NATUR (ER)LEBEN

3. ERDE UND STEIN

Der Boden ist Teil der Haut unseres Planeten. Er ist ein komplexes Netz aus Luft, Wasser, Mineralien (Stein) und organischer Materie. Die Tiere, Pflanzen, Pilze und das mikrobische Leben im Boden bilden ein faszinierendes Ökosystem, da in nur einem Teelöffel gesunder Erde mehr Lebewesen existieren als es Menschen auf dem Planeten Erde gibt. Da die meisten Pflanzen ihre Grundbedürfnisse über den Boden decken, ist Erde grundlegend für alles Leben. Für Kinder ist es wichtig, Böden und Steine in unterschiedlichen Landschaften zu sehen, zu fühlen und zu riechen, und die Unterschiede in der Beschaffenheit des Bodens und der Steine sowie die Merkmale, die auf das Vorhandensein bestimmter Pflanzen hinweisen, zu erkennen und zu erforschen. Es ist ebenso wichtig, Möglichkeiten zu suchen, um Kinder in diese spannende Welt des Bodens einzuführen, da er eine kostbare Ressource ist, um die sich alle kümmern müssen.

Leben im Boden erforschen

- Barfuß auf Sand-, Lehm-, Tonböden usw. laufen.
- Unterschiedliche Bodenarten sehen, riechen und anfassen, z. B. in einem Wald, in einem Garten, in einer Lehmgrube oder an einem Strand.
- Kleinlebewesen, die im Boden leben, beobachten, berühren und in der Hand halten.

- Mit Lehm, Schlamm, Sand und Erde spielen. Wasser hinzufügen und Dinge erschaffen.
- Mit Erde und Steinen Land Art erschaffen, sich von Künstlern wie Andy Goldsworthy inspirieren lassen.
- Untersuchen, wie Wasser verschiedene Bodenarten (z. B. Sand, Lehm, Ton) erodiert.

- Lieder über Würmer, Kompost und Kleinlebewesen singen.
- Geschichten hören über Regenwürmer, Bakterien, Pilze, Insekten und andere Lebewesen, die den Boden gesund halten.

- Lernen, wie die häufigsten Lebewesen im Boden heißen (z. B. Regenwürmer, Kellerasseln, Hirschkäfer).
- Herausfinden, was Würmer tun (und wie sie damit den Pflanzen helfen).

Leben im Boden erforschen

- Das Leben im Boden unter einem Mikroskop beobachten, um die Vielfalt des Lebens zu entdecken.
- Den Boden im Wald beobachten und sehen, wie verschiedene Elemente am Aufbau und der Nutzung des Bodens beteiligt sind (Steine, Bäume, Äste, Wasser, Tiere, Schatten, Bodenleben, Wind usw.).
- Verschiedene Bodenlebewesen in unterschiedlichen Entwicklungsstufen beobachten (z. B. Ei, Larve, Imago)

- Kleinlebewesen in der Natur identifizieren.
- Pflanzen finden, die etwas über den Boden und die Geschichte des Ortes erzählen können (z. B. wachsen Nesseln oft dort, wo Menschen einmal gelebt und uriniert haben).

- Das Leben im Boden dramatisieren, indem Kinder die verschiedenen Elemente darstellen, z. B. Steine, Mineralien, Wasser, Luft, Humus, Regenwürmer, Pilze, Pflanzenwurzeln, Samen, Bakterien usw.
- Mythologische Geschichten aus der ganzen Welt lesen oder hören, in denen die Erde symbolisch dargestellt wird und über die Weisheit alter Kulturen im Umgang mit der Erde reden.
- Sich draußen auf den Boden legen, die Augen schließen und sich als Teil der Erde fühlen; sich vorstellen, wie die Jahreszeiten vergehen und sich das Wetter ändert.

- Mehr über den Lebenszyklus von Würmern und anderen Kleinlebewesen erfahren.
- Die Eigenschaften des Bodens untersuchen. Woraus besteht der Boden? Was macht ihn fruchtbar?
- Herausfinden, wie Humus in Wäldern auf natürliche Weise entsteht.

3–6 JAHRE

Steine

- Verschiedene Steine betrachten, anfassen und sammeln.
- Auf Steine klettern und die Wärme und die Steinstruktur zu verschiedenen Tageszeiten erleben.
- Unter Steine schauen und sehen, was man findet (Tiere, Pilzgeflechte usw.)

- Aus Steinen einen Unterschlupf für Tiere bauen.
- Mit den natürlichen Farben der Steine ein Kunstwerk gestalten, z. B., indem sie von hell nach dunkel aufgestellt werden.
- Aus verschiedenen Steinen gemeinsam einen Steinhaufen bauen.

- Einen Stein mit einem Muster, einer Farbe, Form oder Größe aussuchen, der einem gefällt und danach die verschiedenen Eigenschaften der ausgewählten Steine in der Gruppe vergleichen und diskutieren.
- Eine Geschichte über die Beziehung zwischen Steinen und Pflanzen hören (Steine liefern Mineralien, Wärme usw.)

Steine

- Das Vorhandensein unterschiedlicher Mengen und Arten von Felsen und Steinen in verschiedenen Landschaften wahrnehmen.
- Das Wachstum von Pflanzen, die auf offenem Gelände wachsen, mit dem Wachstum von Pflanzen, die in der Nähe von großen Steinen, die als Wärmespeicher dienen, wachsen, vergleichen (alle anderen Faktoren, z. B. die Bodentiefe, sollten gleich sein).

- Gesteine identifizieren, die häufig in der Region vorkommen.
- Steine in einen Garten legen, um Wärmeenergie dort zu sammeln und zu speichern, wo sie gebraucht wird.

- Eine Geschichte über die Entstehung und die Veränderung der Gesteine im Laufe der Zeit hören.

- Herausfinden, welche Boden- und Steinarten in der Region vorkommen und wie sie beeinflussen, welche unterschiedlichen Pflanzen und Tiere dort leben können.

Verschiedene Landschaften kennenlernen (Strände, Berge, Wälder, Felder)

- Verschiedene Landschaften kennenlernen – z. B. Ebenen, Hügel, Täler, Flüsse, Seen, Meere.

- In verschiedenen Landschaften spielen – Strand, Fluss, Wald usw.

- Wertschätzung zeigen und mit Liedern der Landschaft dafür danken, dass man dort spielen kann.

- Verschiedene neue Wörter lernen, z. B. Lehm, Erde, Sand, Humus, Stein, Fossil, Fluss, Hügel, Berg, Tal.

Verschiedene Landschaften kennenlernen

- Verschiedene Böden in der Region betrachten, z. B. auf einem Bauernhof, in einem Feuchtgebiet und in einem Wald.

- Wesentliche, unterscheidende Merkmale jeder Landschaft skizzieren, z. B. Ebenen, Hügel, Täler, Flüsse, Seen, Meer.
- Spazieren gehen, um verschiedene Lebensräume zu beobachten und zu fotografieren (z. B. die Pflanzenarten, die auf Hügeln wachsen, im Vergleich zu denen, die am Talboden, im Moor oder in der Nähe eines Flusses wachsen).

- Unterschiedliche Landschaften und ihre vielfältigen Geschenke wertschätzen. In einer kleinen Gruppe ein großes Bild einer bestimmten Landschaft zeichnen und deren Geschenke/Vorteile für die Natur und oder den Menschen in der Gruppe unter dem Aspekt „Nutze und schätze Vielfalt“ besprechen.

- Herausfinden, wie die unterschiedlichen Landschaften entstanden sind und wie sie sich immer noch verändern, z. B., indem sich alle mit geschlossenen Augen hinlegen, in die Vergangenheit reisen und sich vorstellen, wie unsere Landschaft geformt wurde.
- Herausfinden, wie die Landschaft das Leben an einem Ort beeinflusst (Fluss vs. Meer vs. Wald usw.).

Bodenarten und Bodentests

- Böden mit unterschiedlicher Beschaffenheit betrachten, anfassen und riechen: Sand, Schluff, Lehm und Ton.
- Ein Loch graben, um die verschiedenen Bodenschichten, deren Farbe und Tiefe zu sehen (Oberboden, Unterboden, Ausgangsgestein).
- Beobachten, wie sich unterschiedliche Böden auf die Pflanzen auswirken, die dort wachsen – auf ihre Gesundheit und auf die Artenzusammensetzung.

- Den Boden mit den Fingern untersuchen. Die Erde zwischen den Fingern reiben: Hat es große Körner wie bei Sand oder winzige wie bei Lehm oder ist sie seifig wie bei Schluff? Aus der Erde eine Wurst formen: Bleibt sie so (dann ist es wahrscheinlich Lehm)?
- Prüfen, ob der Boden sauer oder alkalisch ist. Ein pH-Test-Set zum Testen des pH-Werts verwenden und/oder mit Haushaltsmitteln testen, z. B. zwei Löffel Erde in ein Glas geben und Essig hinzufügen: Gibt es eine Reaktion? Wenn ja, ist der Boden alkalisch. Zwei Löffel der Erde in ein anderes Glas geben und destilliertes Wasser und Backpulver hinzugeben: Sprudelt es? Wenn ja, ist der Boden sauer.

- Ein Lied über die verschiedenen Bodenarten singen (z. B. „There's three different types of mineral in soil", siehe Kapitel 5, S. 121.)

- Untersuchen, wie der Säure- und Basengehalt des Bodens die auf ihm wachsenden Pflanzen beeinflusst und wie umgekehrt die Pflanzen den pH-Wert des Bodens beeinflussen (z. B. machen Nadelbäume den Boden saurer).
- Die unterschiedlichen Eigenschaften von Sand und Lehm vergleichen (z. B. wie viel Wasser und Luft sie enthalten oder was passiert, wenn man darauf steht usw.).

Bioindikatoren

- Unterschiedliche Pflanzen, die vor Ort wachsen, betrachten und erforschen, ob und inwiefern dies mit dem dortigen Boden zusammenhängt.

- Regional häufig vorkommende Pflanzen bestimmen und diskutieren, was sie uns über die Bodenbedingungen sagen können (z. B. deuten Binsengewächse auf nasse, Nesseln auf nährstoffreiche Böden hin).
- Bodenbedingungen ändern, um zu sehen, ob dies die Pflanzen beeinflusst, die dort spontan wachsen, z. B. kann eine Grasfläche mit kleinen Binsen (Juncus-Arten), die in einer geraden Linie wachsen, auf Bodenverdichtung hinweisen. Man könnte dann z. B. einen Abschnitt in der Reihe umgraben und einen anderen unberührt lassen. Monate später kann man wiederkommen, um zu sehen, was sich an den Pflanzen verändert hat, die dort spontan wachsen.

- Eine Geschichte, ein Gedicht oder ein Lied über das Bedürfnis der Pflanzen, eine eigene Nische einzunehmen, schreiben (z. B., dass verschiedene Pflanzenarten gerne an verschiedenen Orten wachsen).

- Lernen, dass eine Indikatorart eine Art ist, die, wenn sie häufig, gesund und spontan (nicht gepflanzt) wächst, etwas über die örtlichen Bedingungen aussagt. Das kann z. B. eine Pflanze sein, die einem anzeigt, ob der Boden verdichtet, nass, trocken, sauer oder alkalisch ist.

C. DESIGN

Design ist das Herzstück der Permakultur, der Ort, wo Informationen, Vorstellungskraft und Inspiration fließen und zirkulieren. Beim Gestalten mit Kindern geht es vor allem darum, zu planen, was zu tun ist und was wo platziert werden soll, wobei sich die Kinder aktiv an der Gestaltung der Spielzeuge, der Aktivitäten, der Spiele, der Gärten, der Klassenzimmer, der Poster, dem Lernen und vielem mehr beteiligen können. Durch diesen Prozess können ihre kognitiven, sozialen und emotionalen Fähigkeiten gefördert werden. Kinder haben schon früh eine Freude daran, Materialien auf verschiedenste Weise zu verwenden und neue Dinge zu schaffen. Das freie Gestalten aus der eigenen Vorstellungskraft heraus fördert das Vertrauen in die eigenen Ausdrucksfähigkeiten. Indem man Kinder an Diskussionen beteiligt, die sie dazu anregen, über Ursache-Wirkungs-Zusammenhänge nachzudenken, können sie lernen, Probleme zu erkennen und Lösungen zu finden.

Ältere Kinder können an einem komplexeren Gestaltungsprozess der Permakultur teilhaben, wie zum Beispiel SADIMET (*survey* (befrage), *analyse* (analysiere), *design* (gestalte), *implement* (führe durch), *evaluate* (bewerte) und *tweak* (passe an)), der die Entwicklung des logischen Denkens, der Kreativität und einer systematischen wissenschaftlichen Herangehensweise an die Problemlösung fördert.

Kreatives Ausdrücken

- Beispiele des kreativen Ausdrucks anderer Menschen wie Gesang, Tanz, Malen, Naturkunst, Modellieren usw. ansehen, indem Veranstaltungen organisiert oder Orte besucht werden (z. B. Museen oder Ausstellungen im Freien usw.).

- Mit Sand (in einem Sandkasten oder am Strand), Lehm oder anderen natürlichen Materialien gestalten.
- Einen Traumkreis durchführen (in dem alle über ihren Traum oder ihre Vision für ein Projekt oder eine Veranstaltung sprechen).
- Lose Teile oder kreative Objekte zusammentragen, um daraus einen eigenen Spielbereich zu schaffen.

- Eigene Ideen, Entscheidungen und Träume mitteilen.

- Ein Fest feiern, um ein Werk zu feiern, an dessen Gestaltungsprozess die Kinder beteiligt waren.
- Erleben, wie die eigene kreative Arbeit von anderen geschätzt wird.

Entscheidungen treffen

- Verschiedene Optionen (z. B. verschiedene Pflanzen für den Garten) ansehen, berühren und riechen und dann entscheiden, was man will.

- Durch Spiele entscheiden, wo Dinge hinkommen (z. B. Spielzeughühner, Bienen, Schuppen).
- Sehen, wie Ideen beim Bau von etwas Neuem einbezogen werden können (z. B. Garten, Brücke oder Baumhaus).
- Sich daran beteiligen, Entscheidungen zu treffen, die für alle gut sind.

- Die gemeinsam geleistete Arbeit schätzen und feiern (z. B. eine getroffene Auswahl, ein zusammen geschaffenes Kunstwerk usw.).
- Akzeptieren, dass sich die eigene erste Wahl nicht immer durchsetzt, da auch die Präferenzen, Ressourcen und Grundsätze anderer Menschen berücksichtigt werden.

- Das Vokabular, das für das Entscheiden und Gestalten benötigt wird, kennenlernen.

Erforschung der Landschaft und Leute

- Verschiedene Mikroklimata bei unterschiedlichen Wetterbedingungen kennenlernen und die Unterschiede mit allen Sinnen wahrnehmen.
- Gut gestaltete Systeme in der Umgebung beobachten und erkennen (z. B. Schulküche, Permakultur-Garten, Stadtplätze, die mehrere Funktionen haben usw.).
- Die eigenen Gefühle und Bedürfnisse sowie diejenigen anderer Menschen wahrnehmen.

- Eine Karte mit den Überlappungen der verschiedenen Mikroklimata im Garten anfertigen – sonnig/schattig, feucht/trocken, windig/geschützt.
- Kinder, Freunde oder andere Menschen mit einem Interview, einem Fragebogen oder einer Umfrage zu ihren Bedürfnissen und Wünschen bezüglich Gestaltung befragen.
- All die verschiedenen Ressourcen auflisten, die für die Gestaltung relevant sein könnten (Pflanzen, Tiere, Strukturen, Werkzeuge und Veranstaltungen).

- Die Designs der Natur wertschätzen, die dazu beitragen, das natürliche Systeme gut funktionieren.
- Die Designs in der menschlichen Umgebung wertschätzen, die Systemen helfen, gut zu funktionieren.

- Die Grundlagen des Kartenlesens und Kartenzeichnens erkunden (z. B. Vogelperspektive, Maßstab, Norden, Titel, Legende).
- Häufig vorkommende natürliche Muster kennenlernen, z. B. Verästelung, Spirale, Kugel, Netze, konzentrische Kreise, Streuung.

Analyse der Ergebnisse

- Die bei der Umfrage erhaltenen Informationen zusammenführen und daraus Mindmaps, Diagramme oder Listen mit verschiedenen Überschriften erstellen.
- Mithilfe von Kärtchen, auf denen die in der Umfrage identifizierten Elemente gezeichnet sind, „zufällige Montage" spielen: Jedes Kind erhält ein Kärtchen, bewegt sich anschließend durch den Raum und legt sein Kärtchen (unter zusätzlicher Verwendung verschiedener Präpositionskarten) mit anderen zusammen, um zu sehen, ob etwas Neues entsteht (z. B. Wurmkompostierung + in + Hochbeet = Wurmturm im Hochbeet).
- Zwei Elemente auswählen, die Teil des Designs sein können und diese dramatisieren. Kinder werden in vier gleich große Gruppen geteilt – Inputs und Outputs ihres Elements. Jedes Kind erhält entweder ein Input oder Output seines Elements. Dramatisieren, um zu zeigen, dass ein Output eines Elements der Input eines anderen Elements werden kann.

- Das Sammeln und Einbringen von Information feiern.
- Ausdrücken, wie sich jede Person während der verschiedenen Phasen des Designprozesses fühlt.

- Diejenigen Dinge und Faktoren herausfinden, die das eigene Design einschränken oder begrenzen könnten (z. B. Faktoren wie Sommerferien, Geld, fehlende Fähigkeiten).

Gestalten und Entscheiden

- Sich ein Modelldesign ansehen, das von Kindern oder Erwachsenen unter Anwendung der Prinzipien und Grundsätze der Permakultur geschaffen wurde.

- Einfache Permakultur-Designs schaffen und dabei anerkannte Designverfahren anwenden (z. B. SADIMET: *survey* (befrage), *analyse* (analysiere), *design* (gestalte), *implement* (führe durch), *evaluate* (bewerte) und *tweak* (passe an). Ein Muster wählen, das am ehesten zur Funktion passt (z. B. Verästelungsmuster für Pfade) und versuchen, diese im eigenen Design zu verwenden.
- Einen einfachen Zonenplan eines Raums, eines Schulgeländes oder eines Gartens erstellen, der zeigt, wie häufig die Zonen besucht oder genutzt werden (Zone 0: zu Hause, Zone 1: täglich besucht, Zone 2: zweimal pro Woche, Zone 3: wöchentlich, Zone 4: weniger häufig, Zone 5: wilde Zone, aus der nichts entnommen wird). Auf Seite 138 findet sich ein Beispiel.
- Mithilfe von Zeichnungen, Modellen, Klebezetteln, Sandkasten, Bauklötzchen, Seilen oder anderen geeigneten Materialien ein Design vor Ort erstellen.

- Sich fragen, was Dinge schön macht, um einen Sinn für Ästhetik zu entwickeln.
- Lernen, auch Herausforderungen zu schätzen, indem man sich das Holmgren-Prinzip „Das Problem ist die Lösung" ins Gedächtnis ruft (z. B. andere Perspektiven finden, das Problem umkehren).
- Freunden, Familie, Lehrer:innen oder der Gemeinschaft das eigene Design auf eine vom Kind gewählte Art und Weise vorstellen, (z. B. Zeichnung, Singen, Schauspiel, Kunst, Video usw.).

- Herausfinden, warum das Mikroklima (Bereichsplanung) und die Zonen bei der Schaffung eines Permakultur-Designs berücksichtigt werden müssen.
- Lernen, dass es bei der Permakultur-Gestaltung um das Treffen von Entscheidungen geht, die auf den Grundsätzen Sorge für die Erde, Sorge für die Menschen und Gerechtes Teilen basieren, und dass die Prinzipien der Permakultur beim Treffen dieser Entscheidungen helfen können.

7–12 JAHRE

Umsetzung: ins Handeln kommen

- Einen Umsetzungsplan ansehen und miterleben, wie das Befolgen des Plans dabei helfen kann, Dinge abzuschließen.

- Sich an der Umsetzung des eigenen Designs beteiligen (z. B. Materialien sammeln, einen Garten anlegen, eine Party oder eine Veranstaltung organisieren).

- Sich regelmäßig treffen, um abgeschlossene Aufgaben gemeinsam zu feiern.

- Zusammen einen bunten Umsetzungsplan gestalten und dabei interessante und lustige Namen verwenden, um all die für die Durchführung benötigten Informationen darzustellen (Aufgaben, Zeitplan, Rollen, Arbeitsabläufe) und fragen, wer welche Aufgaben gerne übernehmen würde.
- Lernen, dass viele Hände die Arbeit erleichtern.

Instandhaltung: sich um die eigene Kreation kümmern

- Andere Menschen dabei beobachten, wie sie sich um ein System (z. B. einen Garten) kümmern, um zu sehen „was gut funktioniert“ und „was viel Arbeit macht“ usw.

- Den Instandhaltungsprozess eines Projekts dokumentieren, damit andere Menschen die Arbeit fortsetzen können.
- Sich interessante Namen für die zu erledigenden Aufgaben ausdenken und Kostüme dafür entwerfen, z. B. könnte „der Ritter“ verantwortlich für die Werkzeuge im Schuppen sein.
- Sich an der Instandhaltung eines Systems, das man selbst entworfen hat, beteiligen (z. B. bei einem Gartenprojekt Ernte an die Eltern verkaufen, bei einem Leseprojekt die örtliche Bibliothek besuchen).

- Eigene Rituale für die Zusammenarbeit schaffen.
- Menschen danken, die beim Projekt geholfen haben, indem man sie einlädt, den Ort zu besuchen und ihnen ein von den Kindern gewähltes Geschenk anbietet (z. B. Kräutertee aus dem Garten).

- Die Aufgaben auflisten, die auf lange Sicht erledigt werden müssen, und für die Durchführung eine Tabelle anlegen (z. B. Garten bewässern, wer macht das während der Schulzeit und den Ferien?).

D. NAHRUNG ANBAUEN

9. NAHRUNG ANBAUEN

Zu sehen, wie ein winziger Samen keimt, wächst und sich langsam in eine Pflanze verwandelt, die Obst oder Gemüse hervorbringt, ist eine spannende und bereichernde Erfahrung für Kinder. An diesem Prozess können sie mit all ihren Sinnen teilhaben: in der Erde graben, Pflanzen gießen, an Obst und Gemüse riechen und bei der Ernte kosten. Durch die Beobachtung der täglichen Veränderungen bei den Pflanzen und durch die direkte Beteiligung an der Pflege können Kinder Geduld, ein Verständnis für die Natur und Respekt für die Natur entwickeln. Nahrung anbauen sorgt außerdem für eine dankbare Einstellung gegenüber dem Reichtum, den uns die Natur kostenlos anbietet, sowie gegenüber den Menschen, die unsere Nahrung anbauen. Es bietet Gelegenheiten für Feste und für den Aufbau einer Verbindung zu der örtlichen landwirtschaftlichen Geschichte und den Traditionen. Die Kinder beteiligen sich außerdem an der Pflege des Bodens, indem sie Lebensmittel- und Pflanzenüberreste der Erde als Kompost zurückgeben – ein weiterer interessanter, transformativer Prozess, den man über einen längeren Zeitraum beobachten kann. Ältere Kinder sind auch in der Lage zu verstehen, wie sich Pflanzen in sehr vielfältigen Systemen, zum Beispiel Permakultur-Gärten, Nahrungswäldern, Misch- und Aquakulturen, ernähren und gegenseitig unterstützen können.

Helfen, Nahrung anzubauen

- Verschiedene Gemüse- und Obstsorten aus dem Garten sowie wild wachsende, essbare Pflanzen riechen, anfassen und probieren.
- Den Wachstumsprozess einer einjährigen Pflanze beobachten, von der Ansaat über das Keimen und Blühen bis hin zur Frucht- und Samenbildung.
- Unterschiedliche Samen anfassen und vergleichen, z. B. die Samen von Sonnenblumen, Bohnen, Weizen, Mohn, Aprikosen.

- Helfen, Nahrungspflanzen in einem Garten anzubauen und sich um diese zu kümmern, z. B. durch Gießen, Mulchen usw.
- Samen von unterschiedlichen Pflanzen sammeln.
- Altersgerechte Werkzeuge sicher verwenden, z. B. Pflanzkellen.

- Samen, Früchte, Nüsse oder Gemüse im Rahmen eines Spiels nach Größe, Farbe und Form sortieren, gruppieren oder zuordnen.

- Die reiche Ernte mit anderen teilen, auch mit Tieren, wie z. B. Vögeln oder Kompostwürmern.
- Eine Pflanzzeremonie abhalten, z. B. mit Liedern, Gedichten oder Tänzen, und die Erde bitten, die Pflanze zu ernähren, die Sonne bitten, auf sie zu scheinen, den Regen, sie zu gießen und Wildtiere, sie nicht zu fressen.
- Die Ernte mit Festen oder besonderen Mahlzeiten feiern.

- Herausfinden, wo Nahrung herkommt, z. B. Milch von der Kuh, Äpfel vom Baum.
- Die Größe von Gemüse und Früchten während des Wachstumsprozesses vergleichen.
- Essbare Pflanzen im Garten benennen.

7–12 JAHRE

Nahrung anbauen mit Permakultur

- Beobachten, wie verschiedene Pflanzenarten an verschiedenen Orten unterschiedlich gut wachsen, abhängig von Sonnenlicht, Platz, Wasser, Wärme, Nährstoffen usw.
- Verschiedene Samenarten ansehen und identifizieren.
- Beobachten, wie sich ein Permakultur-Garten von anderen Gärten unterscheidet.

- Einen Steckling aus einer Mutterpflanze ziehen (Ableger nehmen).
- Eine Pflanze auf eine andere pfropfen (z. B. eine Tomaten- auf eine Kartoffelpflanze).
- Pflanzen in einer Fruchtfolge anbauen (z. B. in einem Jahr Salat und Rote Bete in einem Beet, im nächsten Jahr Hülsenfrüchte (z. B. Bohnen und Erbsen) und Kürbisgewächse (z. B. Kürbis, Zucchini, Markkürbis), dann Kohlsorten (z. B. Brokkoli, Grünkohl, Kohl, Blumenkohl, Rübe, Kohlrabi usw.) und im vierten Jahr Doldengewächse (z. B. Mohrrüben, Rote Bete, Knollen- und Stangensellerie, Pastinaken) und Zwiebeln.
- Einjährige und mehrjährige Pflanzen anbauen und die Unterschiede und Gemeinsamkeiten besprechen.
- Einem Permakultur-Design- und Umsetzungsplan folgend einen Garten anlegen, in dem Nahrung in Mischkulturen angebaut wird.
- Pilze anbauen, z. B. auf Holz, Büchern oder Sägemehl.

- Ernten mit lokalen Traditionen feiern sowie historische Traditionen aus der ganzen Welt erforschen.
- Sich um eine Pflanze kümmern, während sie wächst, und lernen, ihre Bedürfnisse zu erkennen (z. B. Ist sie glücklich? Braucht sie Wasser? Warum ist ein Blatt gelb? Was kann sie glücklicher machen?).
- Eine positive Beziehung zu „Unkraut" aufbauen, indem man es sammelt und presst/trocknet, um daraus ein Kunstwerk herzustellen, z. B. einen schönen Salat zum Teilen, eine Grußkarte oder Bilder für eine Ausstellung.

- Etwas über die Geschichte der Nahrung und der Pflanzen lernen, die traditionell in der lokalen Gemeinschaft angebaut wurden.
- Für den Ort geeignete Pflanzenarten auswählen und dabei die Mikroklimata, die Bodenart, den pH-Wert des Bodens usw. beachten.
- Lernen, wann verschiedene Pflanzen geerntet werden müssen.

3–6 JAHRE

Den Boden pflegen

- Beobachten, wie die Lebensmittelreste, die oben in den (Wurm-)Kompost gegeben werden, allmählich zu Kompost werden (der wie schwarze Erde aussieht).
- Gesunden, fruchtbaren Boden anfassen und an ihm riechen.

- Materialien für den (Wurm-)Kompost sammeln und diesen „füttern".
- Helfen, selbstgemachte Komposterde zu sammeln und Pflanzen damit zu düngen.

- Ein Lied über Kompost singen, z. B. das von der CiP-Webseite.
- Geschichten über den Boden und die Kleinlebewesen, die dort leben, hören.

- Lernen, dass Komposterde gut ist für Pflanzen und ihnen beim Wachsen hilft.
- Entdecken, dass Essensreste mit der Zeit zu Kompost werden können.
- Lernen, dass es gut ist, den Boden mit Mulch zu bedecken, um die Würmer zu ernähren und den Boden feucht zu halten.

Den Boden pflegen

- Gesunde Erde sehen, riechen und anfassen und mit degradiertem Boden vergleichen (z. B. Rasenerde oder Erde von einem stark bewirtschafteten Feld).
- Die Schichten in einer Komposttonne ansehen (z. B. durch eine transparente Seite) und beobachten, wie organisches Material zu Komposterde wird.

- Tiere im Kompost identifizieren (die Kinder könnten Kärtchen mit Bildern, Namen und Erklärungen der Rollen dieses Tieres erstellen).
- In einem wissenschaftlichen Experiment verschiedene Arten der Kompostherstellung vergleichen: z. B. unter Wasser vs. an der Luft; mit allem „Grünzeug“ zusammen vs. mit „grünen“ und „braunen“ Schichten; in der Sonne vs. im Schatten; mit zusätzlichen Würmern vs. ohne; mit zusätzlichen effektiven Mikroorganismen vs. ohne; kleine vs. große Behälter; heiße Komposthaufen, Wurmkomposter usw. Das Experiment wöchentlich für zwei oder mehr Monate beobachten. Den Geruch, die Farbe, die Fliegen, den Zersetzungsgrad usw. vergleichen.
- Gründünger verwenden, um den Boden zwischen den Ernten zu verbessern.

- Die Outputs des Komposts bei einer Kompostparty feiern.
- Bodenrollenspiel: Jede Person übernimmt die Rolle eines Bodenelements (z. B. Lehm-, Sand-, Schluffpartikel, Wasser, Luft, organisches Material, Wurzeln, Pilze, Bakterien). Dann stellt man dar, wie diese Elemente in verschiedenen Bodenarten (z. B. dichter, trockener, feuchter, fruchtbarer Boden) miteinander interagieren und zum Schluss eine perfekte Mischung für das Wachstum herstellen: 25 % Luft, 25 % Wasser, 10 % organisches Material und 40 % Mineralien.

- Herausfinden, dass „Unkraut“ ein Indikator für den Zustand eines Bodens sein und beschädigten Boden reparieren kann (da es schnell wächst, kahlen Boden schützt und wiederaufbaut).
- Über die Bedeutung fruchtbaren Bodens und die verschiedenen Wege sprechen, einen solchen zu schaffen (z. B. Dünger, Mist, stickstoffbindende Pflanzen, Kompost).
- Recherchieren, warum Menschen den Boden umgraben, welche Auswirkungen das Umgraben haben kann und wie wir es vermeiden können, indem wir unterschiedliche Pflanzen verwenden, die Erde nicht festtreten, mulchen usw.

Waldgärten

- In einem Waldgarten sein, wo verschiedene Pflanzen wachsen, und dort die Gerüche, Geräusche und Strukturen wahrnehmen.
- In einem Wald sein, wo verschiedene Pflanzen wachsen und dort die Gerüche, Geräusche und Strukturen wahrnehmen.

- Einem Design folgend verschiedene Pflanzen (z. B. Beerensträucher, Büsche, Kräuter, Bodenvegetation) in den Waldgarten umpflanzen.
- Etwas essen, das direkt aus dem Waldgarten stammt.
- Ein paar Pflanzen im Waldgarten bestimmen, vielleicht mithilfe von Namenskärtchen.
- Aus Dingen aus dem Waldgarten etwas herstellen, das keine Nahrung ist (z. B. Batikkleidung, einen Naturwebstuhl, Kerzen aus Bienenwachs).

- Geschenke des Nahrungswaldes zu verschiedenen Jahreszeiten zeichnen.
- Eine Geschichte hören und Bilder über ein Kind bestaunen, das die Inspiration und Unterstützung erhält, einen Waldgarten anzulegen.
- Den Reichtum des Waldgartens bei einem Picknick mit handgemachten Puppen (aus Produkten des Waldgartens) teilen.

- Neue Wörter lernen, wie Waldgarten, essbar und giftig.
- Die verschiedenen Pflanzen im Waldgarten benennen.

Waldgärten

- Die verschiedenen Schichten des Waldgartens wahrnehmen und mit den Schichten eines Waldes vergleichen (Wurzeln, Boden, Bodenvegetation, Kräuter, Büsche, kleiner Baum, großer Baum, Kletterpflanzen, Flechten).

- Ein Spiel spielen (z. B. mit Karten), bei dem die Bedürfnisse mit den Outputs der verschiedenen Elemente eines Waldgartens verbunden werden.
- An der Gestaltung und dem Anlegen eines Waldgartens mitarbeiten.
- Einen Waldgarten gemeinsam pflegen.

- Die Vielfalt im Waldgarten durch Geschichten oder Lieder wertschätzen.
- Sich vorstellen, durch einen Waldgarten zu gehen und verschiedene Pflanzenarten, Kräuter, Honig, Wurzeln und weiteres in einem wunderschönen Korb zu sammeln, um es mit anderen Menschen der örtlichen Gemeinschaft zu teilen.
- Still in einem Waldgarten sitzen, zuhören, malen, Gedichte schreiben usw.

- Lernen, was ein Waldgarten ist und wie er unseren Nahrungsbedarf erfüllen kann.
- Die einzelnen Prinzipien der Permakultur besprechen und herausfinden, wie viele man in einem Waldgarten finden kann.
- Pflanzen im Waldgarten benennen und ihre Verwendung besprechen.

Tiere und Permakultur

- Sich eine Bio-Imkerei ansehen.
- Zusehen, wie Kühe, Schafe oder Ziegen von Hand gemelkt werden und es selbst ausprobieren, wenn man will.
- Beobachten, was wilde Tiere fressen und wie ihre Behausungen aussehen.

- Unterkünfte für wilde Tiere in einem Garten bauen (z. B. Laubhaufen, Holzhaufen, Vogelhaus).
- Helfen, Tiere im Sinne der Permakultur zu pflegen (z. B. Fische, Hühner, Würmer).
- Tierprodukte sammeln und daraus etwas basteln (z. B. Federn, Bienenwaben, Eier bemalen).

- Die Bedürfnisse von Tieren respektieren (z. B. sie nicht anfassen oder tragen, wenn sie das nicht mögen).
- Danke sagen/singen, nachdem man mit Tieren Zeit verbracht hat oder sie besucht hat.

- Besprechen, was Tiere glücklich macht und was man mit ihnen teilen kann.

7–12 JAHRE

Tiere und Permakultur

- Beobachten, wie Fische der Permakultur entsprechend gehalten werden, z. B. in einem natürlich gestalteten Teich, der zu seiner Umgebung passt (für mehr Informationen siehe Sepp Holzers Werke, z. B. 2011).
- Einen Bauernhof besuchen, auf dem Nutztiere frei herumlaufen. Sehen, wie ihre Unterstände für den Winter gestaltet sind und mit normalen Bauernhöfen vergleichen.
- Erfahren, wie man Tiere in einen Bauernhof/Garten integrieren kann, damit sie ihre ökologische Funktion ausüben können (z. B. Hühner nach der Ernte auf das Kartoffelfeld lassen und ihnen erlauben, den Boden umzugraben, Kot zu hinterlassen und Schädlinge zu fressen).
- Beobachten, was wilde Tiere fressen und wie ihre Behausungen aussehen.

- In einem Garten Lebensraum für wilde Tiere schaffen (z. B. Teich für Wildtiere, Wildblumenwiese).
- Sich um Tiere im Sinne der Prinzipien der Permakultur kümmern (z. B. Fische, Hühner, Würmer, Vögel).
- Aus einem in der Natur oder im Garten gefundenen Tierprodukt etwas herstellen (z. B. Kerzen, Pinsel, Schreibfedern).

- Sich bei den Tieren für all die Dinge bedanken, die sie für uns und andere Lebewesen tun.
- Gefühle und Gedanken über die Ethik der Tierhaltung in einem Garten austauschen.

- Lernen, was Bienen und andere Insekten für uns tun und wie wir uns um sie kümmern können.
- Recherchieren, wie indigene Völker (z. B. die Samen oder amerikanische Ureinwohner) das ganze Tier (z. B. Büffel) genutzt haben, um viele ihrer Bedürfnisse zu stillen (z. B. Kleidung, Unterkünfte, Fußbekleidung, Musik, Boote, Essen). Untersuchen, wie die traditionellen Bräuche der Menschen vor Ort es ihnen ermöglichten „Keinen Abfall zu produzieren" und „Erneuerbare Ressourcen zu nutzen und zu schätzen".
- Besprechen, warum einige Menschen Vegetarier und Veganer sind und was die Alternativen zur Nutzung der Tiere im Garten und in der Nahrungskette sein könnten.

Partnerpflanzen und andere Nährstofflieferanten

- Sich eine Tabelle zum Anbau von Partnerpflanzen ansehen.

- Entscheiden, welche Partnerpflanzen und Nährstofflieferanten (Stickstoff-Fixierer und dynamische Akkumulatoren) man im Garten anbauen will und wo. Diese dann zusammen pflanzen (z. B. Mohrrüben und Zwiebeln; Mais, Bohnen und Kürbis).
- Ein Zuordnungsspiel spielen, um zu lernen, welche Pflanzen einander am meisten helfen.
- Nährstofflieferanten (Stickstoff-Fixierer und dynamische Akkumulatoren) zurückschneiden und als Mulch für den Rest des Gartens verwenden (z. B. Beinwell).

- Die Ernte aus einem Mischkulturanbau feiern und mit der aus einer Monokultur vergleichen.
- Eine Geschichte über Partnerpflanzen hören, in der Pflanzen anderen Pflanzen Nährstoffe liefern.

- Herausfinden, warum einige Pflanzen Knollen haben, die Stickstoff fixieren.
- Besprechen, warum einige Menschen verschiedene Pflanzen in Mischkulturen anpflanzen.

KAPITEL V

BEISPIELE FÜR SESSIONPLÄNE

Dieses Kapitel zeigt anhand verschiedener Beispiele, wie aus den „Inspirationen für Aktivitäten" Sessionpläne entwickelt werden können, die einem natürlichen Ablauf – Säen, Wachsen, Ernten – folgen und bei denen im Sinne eines ganzheitlichen Lernens Augen, Hände, Herz und Kopf gleichermaßen angesprochen werden. Diese vollständigen Beschreibungen unterstreichen auch die Verbindung zwischen den Schul- und Permakultur-Lehrplänen, nennen die für sie geeignete Umgebung und Jahreszeit und erklären die Verbindung zu den Grundsätzen und Prinzipien der Permakultur. Die vorgestellten Sessionpläne sind Beispiele dafür, wie man nachhaltiges Handeln in die Bildung integrieren kann.

Obwohl im Folgenden vollständige Sessions vorgestellt werden, sollten Kinder unterstützt und ermutigt werden, wenn sie diese in eine andere Richtung lenken wollen. Die Lehrenden sollten versuchen, die Ideen der Kinder aufzugreifen und sie in der laufenden oder einer zukünftigen Session zu berücksichtigen.

Das Wort „Sessionplan" wurde verwendet, um zu betonen, wie wichtig es ist, den Interessen der Kinder mit einer Offenheit zu folgen, die die Kinder bestärkt und fördert. Im Gegensatz dazu vermittelt das Wort „Stundenplan" die Idee eines festen Zeitplans, mit einer detaillierten Beschreibung des Ablaufs, dessen Fokus darauf liegt, was die Kinder an diesem Tag erreichen sollen. Durch die Verwendung des Wortes „Sessionplan" soll der Diskurs in der Bildung verändert und ein flexiblerer Weg für das Lernen geschaffen werden.

Die Sessionpläne wurden von Lehrenden aus verschiedenen Klimazonen und Bildungsumgebungen erprobt und es wurde das Feedback der Kinder und Erwachsenen in sie integriert. Daher können sie also in vielen verschiedenen Teilen der Welt eingesetzt werden und bieten eine große Vielfalt an Möglichkeiten, Kinder in die Permakultur einzubeziehen. Alle sechs Themenbereiche des KiP-Curriculums, von „Einleitung in die Permakultur" bis „Soziale Permakultur" werden durch die Sessionpläne abgedeckt. Lehrende sind eingeladen, diese Sessionpläne zu verwenden, zu teilen, sie an ihre Umgebung und Situation anzupassen und sich von ihnen dazu inspirieren zu lassen, eigene Pläne zu erstellen, die auf den Bedürfnissen und Interessen der Kinder basieren.

V.1 DEN WALD KENNENLERNEN

von Gaye Amus

1. ALTER

4 bis 7 Jahre

2. GRUPPENGRÖSSE

3 bis 12 Kinder

3. DAUER

3 Stunden, einschließlich freiem Spiel

4. KURZER ÜBERBLICK

Kinder erforschen den Wald und lernen die Grundsätze der Permakultur – Sorge für die Erde, Sorge für die Menschen und Gerechtes Teilen – kennen und wie diese im Wald angewandt werden können. Abhängig davon, wie alt die Kinder sind und welche Vorerfahrungen sie haben, können die Lehrenden pro Besuch auch nur einen Grundsatz behandeln.

5. CURRICULUM THEMENBEREICH

Themenbereich		*Thema*	*3–6 Jahre*	*7–12 Jahre*
A	EINFÜHRUNG IN DIE PERMAKULTUR	1. Grundsätze und Prinzipien der Permakultur	✔	
		2. Verbindungen		
B	NATUR (ER)LEBEN	3. Erde und Gestein	✔	
		4. Wasser	✔	
		5. Pflanzen und Bäume	✔	
		6. Das Tierreich, Pilzreich und Bakterienreich	✔	
		7. Luft	✔	
C	DESIGN	8. Gestalten		
D	NAHRUNG ANBAUEN	9. Nahrung anbauen		
		10. Nahrung zubereiten		
E	GEBAUTE UMWELT UND RESSOURCENNUTZUNG	11. Gebäude		
		12. Geschenke der Natur weise nutzen	✔	
F	SOZIALE PERMAKULTUR	13. Mein Körper, Herz und Kopf	✔	
		14. Meine Gemeinschaft		
		15. Unsere menschliche Familie		

6. FACH

Mathematik / Sprache / Naturwissenschaften
Gesellschaftswissenschaften / Kunst (Musik …) / Gesundheit und Wohlbefinden

7. JAHRESZEIT

Zu jeder Jahreszeit.

8. ORT

Wald. Die Session kann jedoch auch an andere natürliche Umgebungen angepasst werden.

9. GANZHEITLICHE PLANUNG

- Verschiedene Teile des Waldes und den Wald als Ganzes sehen, anfassen und riechen. Was werden die Kinder beobachten?
- Den Waldboden spüren.

- Mit Schlamm, Erde und/oder Wasser spielen.
- Den Wald als natürlichen Spielplatz entdecken.

- Wertschätzung für die Natur zeigen, indem man zu Lebewesen eine Verbindung aufbaut und sich um sie kümmert.
- Ein Abschiedslied singen, bevor man den Wald verlässt.

- Herausfinden, was man im Wald machen kann, während man sich um die Umwelt kümmert.

10. VORBEREITUNG DER MATERIALIEN UND RESSOURCEN

a) Benötigte Materialien und Werkzeuge:

- eine Matte pro Kind zum Sitzen
- Abdeckplanen als Schutz, falls es regnet
- Lupen (mehrere)
- ein Snack zum Teilen, am besten aus dem Garten
- drei „Holzcookies“, auf denen jeweils ein Grundsatz zusammen mit einer Zeichnung abgebildet ist (siehe Abbildung)

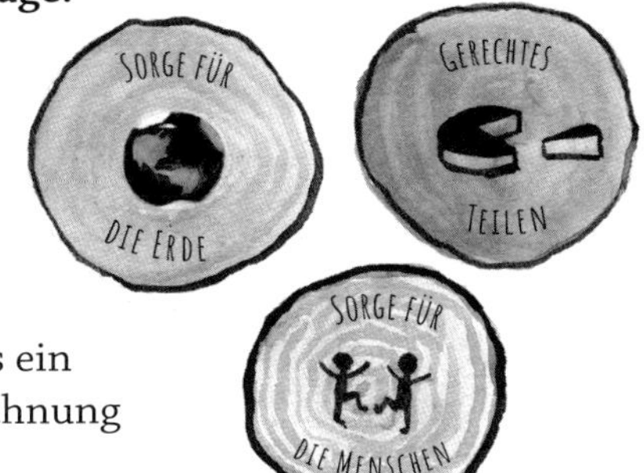

b) Vorbereitung des Ortes und/oder der Teilnehmenden:

Bevor man mit den Kindern in den Wald geht, sollte sichergestellt sein, dass dort kein Müll liegt und keine großen, abgebrochenen Äste in den Bäumen hängen. Falls das Wetter regnerisch ist, kann im Voraus eine Plane aufgespannt werden. Ideal ist ein Ort im Wald, der klare Begrenzungen hat oder bei dem es möglich ist, Grenzen durch natürliche Markierungen zu kennzeichnen.

11. BESCHREIBUNG DER SESSION

SÄEN

Die Kinder gehen zum ersten Mal als Gruppe in den Wald. Ehe sie das Kindergarten-/Schulgelände verlassen, werden sie gebeten, einen Kreis zu bilden, einander zu begrüßen und zu zählen, wie viele da sind. Der/die Lehrende wird mitteilen, dass diese Zahl vor dem Verlassen des Waldes gleich sein wird. Die Kinder können sich auf dem Weg zum Wald Zeit lassen und unterwegs anhalten, um interessante Dinge, die sie finden, zu beobachten, wenn sie das wollen. Die Lehrenden sollen die Kinder zu dem Ort im Wald führen, wo sie sich auf ihren Matten in einem Kreis zusammensetzen können.

WACHSEN

Den Kindern wird das Cookie „Gerechtes Teilen" gezeigt, während sie den Snack gerecht teilen.

Nach dem Essen werden sie eingeladen, einen Tausendfüßler zu spielen. Der/die Lehrende ist der Kopf des Tausendfüßlers und die Kinder sind die vielen Beine. Der Tausendfüßler läuft an den Grenzen des Teils des Waldes entlang, in dem sie spielen können. Wenn die Kinder zum Kreis zurückkehren, wird ihnen das Cookie „Sorge für die Erde" gezeigt und der oder die Lehrende stellt daraufhin die Frage „Wenn ihr beim Spielen mit Bäumen oder Ästen spielen wollt, wie könntet ihr dafür sorgen, dass die Bäume oder andere Pflanzen nicht verletzt werden?" Die Kinder äußern ihre Ideen dazu. Der/die zweite Lehrende schreibt die Ideen auf, damit man später darauf zurückgreifen kann. Es könnte interessant sein zu schauen, wie sich die Ideen der Kinder entwickeln, wenn sie den Wald mehrmals besuchen.

Das letzte Cookie, Sorge für die Menschen, wird durch das Spiel „1, 2, 3, wo seid ihr?" eingeführt, das wie folgt gespielt wird:

Die Kinder suchen sich Verstecke innerhalb des begrenzten Bereichs, während ein:e Lehrende:r mit geschlossenen Augen zählt. Der/die andere Lehrende versteckt sich und behält die Kinder im Auge. Nachdem die Zeit zum Verstecken vorbei ist, ruft der/die Lehrende „1, 2, 3, wo seid ihr?" und die Versteckten rufen „1, 2, 3, ich bin hier!". Der/die Lehrende kann dann „1, 2, 3, zeigt euch" rufen, woraufhin die Kinder aus ihren Verstecken kommen und „1, 2, 3, ich bin hier!" rufen.

Nachdem das Spiel ein paar Mal gespielt wurde, werden alle wieder zusammengerufen. Den Kindern wird mitgeteilt, dass sie das Spiel jederzeit fortsetzen können, solange sie innerhalb der Grenzen spielen, sodass alle aufeinander aufpassen können.

Die Kinder können dann frei im Wald spielen. Die Lehrenden beobachten, interagieren und bieten zum Beispiel Lupen an, wenn die Kinder den Wald genauer erforschen wollen.

ERNTEN

Bevor man aufbricht, werden alle gebeten, einen Kreis zu bilden und der Gruppe zu erzählen, was ihnen an der Session gefallen hat und/oder wie sie sich fühlen. Man kann auch ein Abschiedslied singen, um einander und dem Wald für den Ausflug zu danken. Am Schluss sollten nochmals alle Kinder gezählt werden, um sicherzugehen, dass alle da sind. Zudem sollte natürlich darauf geachtet werden, dass der Wald so hinterlassen wird, wie er vor dem Besuch war – oder sogar noch besser.

12. GRUNDSÄTZE UND PRINZIPIEN DER PERMAKULTUR

Kinder sehen, spüren und erleben die drei ethischen Grundsätze während der gesamten Session. „Gerechtes Teilen" wird erlebt, indem sie das Essen gerecht teilen, und „Sorge für die Erde" dadurch, wie man den Wald behandelt (zum Beispiel, indem man die Kinder darauf hinweist, nichts zurückzulassen und sich um die Pflanzen und anderen Lebewesen zu kümmern). „Sorge für die Menschen" wird durch das Schaffen einer sicheren Umgebung für das Spielen und Forschen erlebt sowie durch das aufeinander Aufpassen. Außerdem trägt auch das Fragen nach Feedback und das Mitteilen der Gefühle zur Sorge um die Menschen bei.

- **Produziere keinen Abfall:** Im Wald wird darauf geachtet, keinen Abfall zu produzieren und keinen Müll zurückzulassen.
- **Beobachte und interagiere:** Die Lehrenden beobachten die Kinder und interagieren dann mit ihnen.
- **Nutze Veränderung und begegne ihr mit Einfallsreichtum:** Im Wald kann es zu Situationen kommen (z. B. Wetterumschläge, Konflikte), in denen Kinder und Lehrende kreativ mit Veränderungen umgehen und auf diese reagieren müssen.
- **Arbeite mit der Natur (nicht gehen sie):** Im Wald zu sein, erfordert eine Zusammenarbeit mit der Natur und ein bewusstes Handeln, um die Harmonie dort zu erhalten.

- **Alles gärtnert (oder hat einen Effekt auf seine Umgebung):** Der Wald hat einen positiven Einfluss auf die Kinder, indem er es ihnen durch frische Luft, offenen Raum und Reize ermöglicht zu wachsen.

13. INSPIRATION

14. IDEEN FÜR WEITERFÜHRENDES LERNEN UND FÜR WEITERE ERLEBNISSE

Bei jedem Waldbesuch können die Aktivitäten der Kinder mit einem Grundsatz verbunden werden, zum Beispiel, wie wir mit Insekten umgehen. Die verschiedenen Aspekte jedes Grundsatzes können über einen längeren Zeitraum hinweg nach und nach vermittelt werden, während die Kinder den Wald weiter erforschen. Basierend auf den Beobachtungen und Interessen der Kinder können ein paar der oben beschriebenen Aktivitäten bei den nächsten Ausflügen in den Wald wiederholt werden. Auch die Anregungen der Kinder selbst werden den Lehrenden viele Ideen liefern.

Die Grundsatz-Cookies können an einen Baum gehängt werden, als Erinnerung daran, dass wir beim Spielen achtsam mit der Erde und den Menschen umgehen und gerecht teilen sollen. Wenn die Kinder dann das Gefühl haben, etwas zur Hand zu haben, das sie mit anderen teilen möchten, können sie auf den Holzcookie zeigen und darüber reden, zum Beispiel „Ich bin heute achtsam mit einem Menschen umgegangen, als ich mich um meine:n Freund:in gekümmert habe."

V.2 ACHTE AUF DAS ESSEN

von Tereza Velehradská und Valentina Cifarelli

1. ALTER	2. GRUPPENGRÖSSE	3. DAUER
10+ Jahre	2 bis 14 Kinder pro Erwachsene:n	3+ Stunden

4. KURZER ÜBERBLICK

„Achte auf das Essen" soll es den Kindern ermöglichen, die globale Nahrungsmittelproduktion zu erforschen, indem sie Rezepte aussuchen, einkaufen gehen, herausfinden, wo Nahrung herkommt und ethische Entscheidungen im Zusammenhang mit der Ernährung besprechen. Sie arbeiten als Team in Gruppen zusammen, während sie Entscheidungen fällen, Essen kochen und teilen. Kinder können außerdem die überraschenden Beziehungen entdecken, die Essen zwischen Ländern und Menschen auf der ganzen Welt schafft.

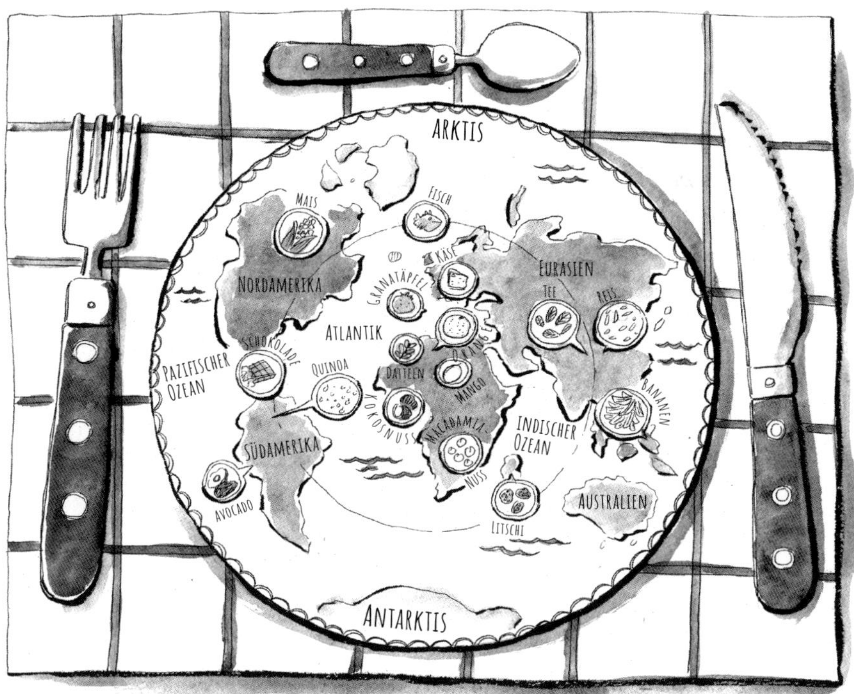

5. CURRICULUM THEMENBEREICH

Themenbereich		Thema	3–6 Jahre	7–12 Jahre
A	EINFÜHRUNG IN DIE PERMAKULTUR	1. Grundsätze und Prinzipien der Permakultur		✔
		2. Verbindungen		
B	NATUR (ER)LEBEN	3. Erde und Gestein		
		4. Wasser		
		5. Pflanzen und Bäume		
		6. Das Tierreich, Pilzreich und Bakterienreich		
		7. Luft		
C	DESIGN	8. Gestalten		
D	NAHRUNG ANBAUEN	9. Nahrung anbauen		
		10. Nahrung zubereiten		✔
E	GEBAUTE UMWELT UND RESSOURCENNUTZUNG	11. Gebäude		
		12. Geschenke der Natur weise nutzen		✔
F	SOZIALE PERMAKULTUR	13. Mein Körper, Herz und Kopf		
		14. Meine Gemeinschaft		✔
		15. Unsere menschliche Familie		✔

6. FACH

Mathematik / Sprache / Naturwissenschaften (Biologie, Chemie, Physik) Gesellschaftswissenschaften / Hauswirtschaftslehre (kochen, nähen usw.) / Gesundheit und Wohlbefinden

7. JAHRESZEIT

Zu jeder Jahreszeit

8. ORT

Drinnen und lokale Läden
Optional: Gärten oder Hecken

9. GANZHEITLICHE PLANUNG

- Die verschiedenen Zutaten in Gerichten und Lebensmitteln wahrnehmen.
- Verschiedene Gerichte kosten.
- Erfahrungen mit Einkaufen machen.

- In einem Laden Lebensmittel einkaufen, die den ethischen Grundsätzen der Permakultur – Sorge für die Erde, Sorge für die Menschen und Gerechtes Teilen – entsprechen.
- Ernten und eine Mahlzeit oder einen Snack daraus zubereiten.

- Die Grundsätze im Zusammenhang mit der Herkunft der Nahrung bedenken.
- Sich mit den Leuten vor Ort in Verbindung setzen, z. B. die Ladenbesitzer fragen, wie es ihnen geht, oder ihnen einen guten Tag wünschen.

- Verstehen, wie wichtig es ist, so wenig nicht-erneuerbare Ressourcen wie möglich zu verwenden, einschließlich Erdöl.
- Den Umwelteinfluss von lokalen, frischen, biologischen und industriellen Lebensmitteln vergleichen.
- Besprechen, welche Waren das beste Beispiel für Sorge für die Erde, Sorge für die Menschen und Gerechtes Teilen sind (die mit wenig Verpackung, mit dem kürzesten Transportweg, ohne Chemikalien usw.)

10. VORBEREITUNG DER MATERIALIEN UND RESSOURCEN

a) Benötigte Materialien und Werkzeuge:
Jedes Team aus 3 bis 5 Kindern braucht:

- 1 Arbeitsblatt (siehe Anhang)
- Geld (genügend, um die Zutaten für ihre Mahlzeit/ihren Snack zu kaufen.
- 1 Bleistift
- Einkaufsbeutel aus Stoff
- Eine Auswahl an 2 bis 4 Rezepten, die sie vorbereiten/anpassen können.

Außerdem benötigen die Kinder eine Küche (oder ein Lagerfeuer) mit den Utensilien und Geräten, die sie für ihr ausgewähltes Rezept brauchen.

b) Vorbereitung des Ortes und/oder der Teilnehmenden:
Sprechen Sie mit den Ladenbesitzern über einen möglichen Besuch.

Stellen Sie sicher, dass genug Erwachsene für den Besuch des Ladens da sind, wenn möglich ein Erwachsener pro Gruppe.
Gehen Sie sicher, dass alle Kinder:

- Ein gewisses Vorwissen über die Grundsätze der Permakultur haben.

11. BESCHREIBUNG DER SESSION

SÄEN

Die Lehrenden schlagen vor, dass die Kinder in Gruppen arbeiten können, um ein Rezept auszuwählen und dieses dann innerhalb der Gruppe an ihre Zutaten, Utensilien und Anzahl der Kinder/Ernährungsanforderungen anzupassen. Ziel ist es, eine Mahlzeit oder einen Snack zuzubereiten, der den Grundsätzen der Permakultur entspricht. Die Kinder und die Lehrenden besprechen dabei gemeinsam, wie das am besten zu bewerkstelligen ist. Vielleicht können sie in der Natur Nahrung sammeln, aus einem Garten etwas ernten und/oder in einem Laden etwas einkaufen. Beim Einkauf im Laden sollte darauf geachtet werden, dass die Lebensmittel so lokal und saisonal wie möglich sind. Lehrende können den Kindern die Freiheit geben, die Aktivität zu leiten. Falls es sich dabei als nützlich erweist, die Kinder in kleinere Gruppen aufzuteilen, kann dies ebenfalls erfolgen.

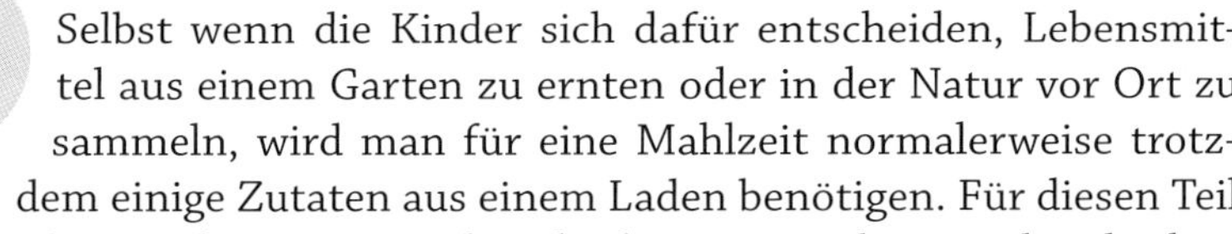

WACHSEN

Selbst wenn die Kinder sich dafür entscheiden, Lebensmittel aus einem Garten zu ernten oder in der Natur vor Ort zu sammeln, wird man für eine Mahlzeit normalerweise trotzdem einige Zutaten aus einem Laden benötigen. Für diesen Teil der Übung fängt jedes Team mit den gleichen Materialien an: der gleichen Menge an Geld, einem Einkaufsbeutel, einem Arbeitsblatt und einem Stift. Das Arbeitsblatt im Anhang hilft den Kindern, mehr darüber nachzudenken, woher die Lebensmittel kommen. Zu Beginn werden die Arbeitsblätter, das Geld, Bleistift und Beutel an die Gruppen verteilt und ihnen dabei erklärt, was damit zu tun ist. Um das gesteckte Ziel zu erreichen, können die Teams unterschiedliche Strategien wählen. Es ist sinnvoll, wenn die einzelnen Teams jeweils von einer Lehrperson begleitet werden.

ERNTEN

Nachdem die Teams zurückgekommen sind, präsentieren sie den anderen Teams, was sie gemacht und wie viel Geld sie dafür ausgegeben haben. Danach kann gemeinsam besprochen werden, welche Artikel die besten Beispiele für Sorge für die Erde, Sorge für die Menschen und Gerechtes Teilen sind. Beim Prinzip „Sorge für die Erde“ könnten die Kinder darauf hingewiesen werden, auch Fragen wie „Welches Produkt verwendet am wenigsten Erdöl?“ zu bedenken, weil Erdöl in Verpackungen, beim Transport, beim Düngen, für Pestizide, Traktoren und vieles mehr verwendet wird. Bei „Sorge für die Menschen“ könnte es in der Diskussion um die Auswirkungen des Produkts auf die Erzeuger:innen und Verbraucher:innen gehen. Die Kinder können die Produkte nach den verschiedenen ethischen Gesichtspunkten bewerten. Was sind für die Kinder die interessantesten Ergebnisse?

WACHSEN

Die Kinder bereiten in den gleichen Gruppen aus den von ihnen gekauften, geernteten und/oder gesammelten Zutaten eine Mahlzeit oder einen Snack zu.

ERNTEN

Die Kinder essen die Mahlzeit oder den Snack zusammen und feiern das Essen und das Gelernte.

12. GRUNDSÄTZE UND PRINZIPIEN DER PERMAKULTUR

- **Sorge für die Erde:** Entscheidungen rund um das Essen beeinflussen die Umwelt. Kinder können erfahren, wie sie mit ihren Essensentscheidungen für die Erde sorgen können.
- **Sorge für die Menschen:** Kinder können besprechen, inwiefern jedes Lebensmittel dem Grundsatz „Sorge für die Menschen“ entspricht. Wenn sie die unterschiedlichen Preise neugierig machen, können sie darüber diskutieren, warum regionale, organische und/oder Fair Trade-Lebensmittel gut für Menschen sind – sowohl für die Erzeuger:innen als auch für die Verbraucher:innen.
- **Gerechtes Teilen:** Kinder können darüber sprechen, inwiefern jedes Lebensmittel dem Grundsatz „Gerechtes Teilen“ entspricht und wie unsere Entscheidungen rund ums Essen einen Einfluss auf Menschen und andere Lebewesen haben. Die Kinder können auch dafür sorgen, dass jedes Gruppenmitglied einen gerechten Teil der Mahlzeit erhält.
- **Beobachte und interagiere:** Die Aktivität leitet die Kinder dazu an, zuerst zu beobachten, nachzudenken und zu planen, bevor sie etwas umsetzen. Das Ausfüllen des Arbeitsblattes regt dazu an, auch auf die Etiketten und die Verpackungen der Lebensmittel zu achten. Die Kinder können auch dazu angeregt werden, die unterschiedliche Qualität von Lebensmitteln wahrzunehmen oder zu erforschen, die aus verschiedenen Quellen stammen.
- **Verwende und schätze erneuerbare Ressourcen und Dienstleistungen:** Dieses Prinzip der Permakultur unterstützt die Verwendung von erneuerbaren Ressourcen und Dienstleistungen, damit die Systeme auch zukünftig gut funktionieren können. Für Kinder kann es inspirierend und interessant sein, darüber nachzudenken, wo ihr Essen herkommt und wie viel Erdöl (eine nicht erneuerbare Ressource) für den Transport ihrer Lebensmittel verwendet wurde.
- **Produziere keinen Abfall:** Bei der Besprechung des Grundsatzes „Sorge für die Erde“ können die Kinder überlegen, wie viel Abfall produziert wird, um unser Essen auf den Tisch zu bringen, und ob diese Ressourcen wieder in den Stoffkreislauf zurückgeführt werden, zum Beispiel bei Lebensmittelverpackungen.
- **Alles gärtnert:** Ein Bewusstsein dafür schaffen, dass die Entscheidungen der Menschen die Natur sowie andere Menschen auf vielerlei Weise beeinflussen können, selbst auf der anderen Seite des Planeten.

13. INSPIRATION

14. IDEEN FÜR WEITERFÜHRENDES LERNEN UND WEITERE ERLEBNISSE

Wenn die Kinder Interesse zeigen, könnte in einer folgenden Session zum Beispiel zusammen mit den Kindern eine Karte erstellt werden, die zeigt, wo ihr Essen herkommt, und dabei auch etwas über Fair Trade, Bio-Produkte, den ökologischen Fußabdruck, Erdöl und vieles mehr gelernt werden.

Kinder können auch die Verbindungen entdecken, die Lebensmittel zwischen Ländern der ganzen Welt schafft, und so sehen, wie ihre Lebensmittel mit der ganzen Welt vernetzt sind. So lernen sie neue Konzepte der gegenseitigen Abhängigkeit und der Globalisierung durch die Geografie des Essens kennen.

ANHANG:

Das Arbeitsblatt könnte so aussehen:

Eure Aufgabe ist:

1) All die Dinge zu kaufen, die ihr für das Rezept braucht, das euer Team ausgesucht hat und dem eure Lehrerin / euer Lehrer zugestimmt hat. Ihr könnt **xy** Geld ausgeben, aber ihr müsst nicht alles Gekaufte verwenden. Zusätzlich zu den Zutaten für das Rezept könntet ihr etwas zu trinken kaufen – es ist eure Entscheidung.

PRODUKT, DAS WIR GEKAUFT HABEN	DAS LAND, AUS DEM ES KOMMT	GRÜNDE FÜR DEN KAUF

2) Findet in der Obst- und Gemüseabteilung heraus, welches Obst oder Gemüse den weitesten Weg hinter sich hat und welches den kürzesten. Schreibt den Namen des Obstes oder Gemüses und das Herkunftsland auf.

DER WEITESTE WEG: ....

DER KÜRZESTE WEG: ....

3) Gibt es in der Milchprodukteabteilung Verpackungen aus recycelten Materialien?

PRODUKT: ....

ART DER VERPACKUNG: ....

4) Welche Produktverpackung in der Süßwarenabteilung ist das beste Beispiel für Sorge für die Erde und welches das schlechteste (eurer Meinung nach)?

DIE BESTE VERPACKUNG: .... DIE SCHLECHTESTE VERPACKUNG: ....

WARUM: .... WARUM: ....

V.3 BIOMIMIKRY – NACHAHMUNG VON FARBEN

von Tereza Velehradská. Inspiriert von Gaye Amus und Lenka Babáčková

1. ALTER	2. GRUPPENGRÖSSE	3. DAUER
5+ Jahre	2 bis 14 Kinder pro Erwachsene:n	45 bis 90 Minuten

4. KURZER ÜBERBLICK

Die Kinder lernen Tiere kennen, die gut an ihre Umwelt angepasst sind, und versuchen ihre Hände gegenseitig mit Farben zu tarnen. Diese Session kann als Einzelaktivität genutzt werden oder als Brücke zu komplexeren Aktivitäten über die Zusammensetzung von Formen, Materialien usw.

5. CURRICULUM THEMENBEREICH

Themenbereich		*Thema*	*3–6 Jahre*	*7–12 Jahre*
A	**EINFÜHRUNG IN DIE PERMAKULTUR**	1. Grundsätze und Prinzipien der Permakultur	✔	✔
		2. Verbindungen		
B	**NATUR (ER)LEBEN**	3. Erde und Gestein		
		4. Wasser		
		5. Pflanzen und Bäume	✔	✔
		6. Das Tierreich, Pilzreich und Bakterienreich	✔	✔
		7. Luft		
C	**DESIGN**	8. Gestalten		
D	**NAHRUNG ANBAUEN**	9. Nahrung anbauen		
		10. Nahrung zubereiten		
E	**GEBAUTE UMWELT UND RESSOURCEN-NUTZUNG**	11. Gebäude	✔	✔
		12. Geschenke der Natur weise nutzen	✔	✔
F	**SOZIALE PERMAKULTUR**	13. Mein Körper, Herz und Kopf		
		14. Meine Gemeinschaft		
		15. Unsere menschliche Familie		

6. FACH

Naturwissenschaften (Biologie, Chemie, Physik) / Kunst / Sprache
Gesellschaftswissenschaften / Mathematik

7. JAHRESZEIT

Frühling / Sommer / Herbst

8. ORT

Wald / Garten

9. GANZHEITLICHE PLANUNG

- Die Farben von Tieren und Pflanzen in der Natur beobachten.

- Einander die Hände bemalen, um sie in Einklang mit der Umgebung zu bringen und um einen Sinn für Ästhetik zu entwickeln.

- Tiere wertschätzen und sich von ihren Unterschlüpfen inspirieren lassen.
- Mit den anderen aus der Gruppe Beziehungen aufbauen, während man einander die Hände bemalt.

- Tarnung und Biomimikry kennenlernen.

10. VORBEREITUNG DER MATERIALIEN UND RESSOURCEN

a) Benötigte Materialien und Werkzeuge:

- Bilder von ca. drei Tieren, die Tarnfarben aufweisen und die die Kinder kennen könnten, (zum Beispiel ein Schmetterling (mit Flügeln, die aussehen wie die Augen eines Säugetiers) oder ein Rehkitz (das die Farbe des Unterholzes hat)). Man kann die Fotos ausdrucken und in eine Klarsichthülle (Mappe) tun oder ein Buch mit großen Illustrationen verwenden.
- Speisestärke, Wasser und natürliche Lebensmittelfarbe oder Fingerfarbe (deren Farben zum gemusterten Tuch passen), Töpfe, Malwasser und Pinsel.
- Wasser und umweltfreundliche Seife (oder Ähnliches) für das Händewaschen.
- Eine Feder (am besten von einer Vogelart, die in der Region heimisch ist und die man oft findet).
- Wenn gewünscht, ein bunt gemustertes Tuch, das groß genug ist, damit alle Kinder darauf sitzen können, oder mehrere kleinere gemusterte Tücher, je nach Gruppe.

b) Vorbereitung des Ortes und/oder der Teilnehmenden:

Der Ort sollte im Voraus für eine Nutzen-Risiko-Einschätzung besucht werden. Zudem sollten am Ort idealerweise einige Vögel, Insekten oder andere Tiere und ihre Unterschlüpfe zu entdecken sein.

11. BESCHREIBUNG DER SESSION

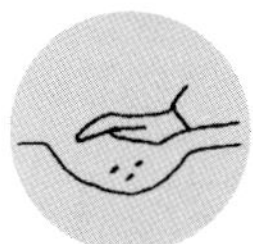

SÄEN

Lehrende und Kinder besuchen den ausgewählten Ort (diese Aktivität kann in einem Wald, Garten, Park oder an einem Ort, der all das in sich vereint, durchgeführt werden).

Die Gruppe bildet einen Kreis und der/die Lehrende zeigt eine Feder und sagt: „Ich habe neulich etwas Interessantes von meiner Freundin erfahren. Sie hat mich gefragt: *Weißt du, warum die Federn der Vögel unserer Wälder meistens braun oder schwarz sind?* Ich habe ein paar Vermutungen angestellt, wollt ihr das auch tun?"

Es ist interessant, den Ideen der Kinder zuzuhören. Vielleicht kann eine andere Lehrerin, ein anderer Lehrer Notizen machen und schauen, ob neue Aktivitäten und Ideen zu Vögeln, Unterschlüpfen oder anderen interessanten Dingen entstehen.

Wenn die Kinder Vermutungen anstellen oder etwas mitteilen, was sie bereits wissen, zum Beispiel wie sich Tiere verstecken, um nicht gesehen oder gefressen zu werden, kann man zum Beispiel mit „Ja, das habe ich auch gelernt!" antworten und so die Freude teilen. Das Wort „Tarnung" kann auch erwähnt werden.

WACHSEN

Der/die Lehrende kann die Kinder zum Beispiel fragen, ob ihnen noch andere Tiere und deren Unterschlüpfe einfallen, die sich in der Umgebung verstecken könnten. Die Kinder können dann versuchen, getarnte Tiere oder ihre Unterschlüpfe in der Nähe zu finden.

SÄEN

Älteren Kindern können Bilder von Tieren gezeigt werden, die Tarnfarben aufweisen. Die Lehrenden können erklären, dass Menschen in der Bionik Dinge nachahmen, die sie in der Natur sehen, zum Beispiel die Verwendung von Farben zur Tarnung. Die Kinder wollen das vielleicht diskutieren.

WACHSEN

Die Gruppe kann aus Speisestärke, Wasser und Lebensmittelfarbe, pflanzlichen Färbemitteln aus dem Garten, Schlamm oder anderen natürlichen Materialien aus dem Wald verschiedene Farben herstellen.

Die Kinder können eingeladen werden, sich jeweils zu zweit gegenseitig die Hände zu bemalen, sodass sie an einem Baumstamm, an Moos oder einer anderen Oberfläche gut getarnt sind.

Statt einer natürlichen Oberfläche könnten die Kinder ihre Hände auch auf einem bunt gemusterten Tuch tarnen.

ERNTEN

Sie können die Kinder einladen, ihr „Kunstwerk“ zu teilen, indem alle Teilnehmenden herumgehen und schauen, wie die Tarnung der Hände auf den ausgewählten Oberflächen funktioniert. Es kann helfen, zu erfragen, was die Kinder bei dieser Aktivität erlebt und/oder von dieser Aktivität gelernt haben.

12. GRUNDSÄTZE UND PRINZIPIEN DER PERMAKULTUR

- **Sorge für die Erde:** Kinder verstehen, dass sich Tiere tarnen müssen. Die Verwendung von natürlichen Farben und Färbemitteln hilft, die Erde zu schützen.
- **Sorge für die Menschen:** Die Kinder bemalen sich gegenseitig die Hände und sorgen so füreinander. Den Kindern die Möglichkeit geben, zu lernen und das Gelernte mit anderen zu teilen, ist auch ein Beispiel für Sorge für die Menschen.
- **Beobachte und interagiere:** Die Kinder müssen die Muster aufmerksam betrachten, um sie auf den Händen der anderen nachzumalen.
- **Integriere lieber als zu trennen:** Die Kinder untersuchen, wie einige Pflanzen, Tiere oder Unterschlüpfe gestaltet sind, damit sie in ihrer Umgebung gut getarnt sind.
- **Nutze und schätze Vielfalt:** Die Kinder lernen, dass Tiere viele unterschiedliche Umgebungen zum Verstecken nutzen und dass eine vielfältigere Umgebung Tieren mehr Schutz und gleichzeitig den Menschen mehr Ressourcen bietet.
- **Nutze Veränderung und begegne ihr mit Einfallsreichtum:** Die Kinder erfahren, dass Flexibilität und das Arbeiten mit der Natur (z. B., indem man ihre Farben verwendet) gute Ergebnisse bringen kann.

- **Arbeite mit der Natur (statt gegen sie):** Kinder erfahren, dass es für die Tiere einen Vorteil bringt, wenn sie oder ihr Unterschlupf der Umgebung ähnelt. Sie lernen außerdem, wie man etwas der Umgebung (in Farbe, Form usw.) entsprechendes herstellt.

13. INSPIRATION

14. IDEEN FÜR DAS WEITERFÜHRENDE LERNEN UND ERLEBNISSE

Um das Thema „Nachahmung" (Mimikry/Bionik) weiter zu erforschen, könnten ältere Kinder zum Beispiel versuchen, ein Muster aus der Natur in etwas, das sie bauen oder konstruieren, zu übertragen. Sie könnten überlegen, welche Muster es in der Natur gibt, welche Funktion diese Muster vielleicht haben und ob Menschen die Muster in einem menschlichen Design nachgeahmt haben (z. B. wurden die Stachelborsten des Kletten-Laubkrauts *(Galium aparine)* nachgeahmt, um Klettverschlüsse herzustellen).

V.4 SCHATZKARTE

von Lusi Alderslowe

1. ALTER	2. GRUPPENGRÖSSE	3. DAUER
8 bis 11 Jahre	4 bis 12 Kinder pro Erwachsene:n	2 Stunden + freies Spielen

4. KURZER ÜBERBLICK

In dieser Session befassen sich die Kinder mit dem Orientierungssinn sowie mit Karten und deren Anfertigung. Sie lernen, wie Karten hergestellt werden und wie sie zu verwenden sind, bevor sie draußen einen Raum gestalten. Es werden Geschichten erzählt, gemeinsam eine Karte gezeichnet und mit der Karte dann nach einem Schatz gesucht.

5. CURRICULUM THEMENBEREICH

Themenbereich		Thema	3–6 Jahre	7–12 Jahre
A	EINFÜHRUNG IN DIE PERMAKULTUR	1. Grundsätze und Prinzipien der Permakultur		✔
		2. Verbindungen		
B	NATUR (ER)LEBEN	3. Erde und Gestein		
		4. Wasser		
		5. Pflanzen und Bäume		
		6. Das Tierreich, Pilzreich und Bakterienreich		
		7. Luft		
C	DESIGN	8. Gestalten		✔
D	NAHRUNG ANBAUEN	9. Nahrung anbauen		
		10. Nahrung zubereiten		
E	GEBAUTE UMWELT UND RESSOURCEN-NUTZUNG	11. Gebäude		
		12. Geschenke der Natur weise nutzen		
F	SOZIALE PERMAKULTUR	13. Mein Körper, Herz und Kopf		
		14. Meine Gemeinschaft		
		15. Unsere menschliche Familie		

6. FACH

Mathematik / Sprache / Naturwissenschaften
Gesellschaftswissenschaften (Geografie / Sport)

7. JAHRESZEIT

Jede

8. ORT

Wald / Garten

9. GANZHEITLICHE PLANUNG

- Einen einheimischen Wald mit großer Biodiversität erleben.
- Sehen, wie eine Karte erstellt wird.

- In einem einheimischen Wald mit großer Biodiversität spielen.
- Eine Karte zeichnen und verwenden.

- Zeit im Wald verbringen und dadurch den Sinn für Geheimnisvolles und für Abenteuer wecken.
- Eine Geschichte hören und von eigenen Erfahrungen erzählen, bei denen man sich verirrt hat.

- Die Grundlagen des Kartenlesens und -zeichnens lernen – Vogelperspektive, Maßstab, Norden, Überschrift, Legende.
- Erzählen, was sie über das Erstellen von Karten wissen.

10. VORBEREITUNG DER MATERIALIEN UND RESSOURCEN

a) Benötigte Materialien und Werkzeuge:

- Schätze in verschiedenfarbigen Beuteln (z. B. rot, gelb, blau, violett) bereitstellen. Die Anzahl der Beutel hängt von der Anzahl der Kinder und der Gruppengröße ab, ideal ist ein Beutel für 2 bis 6 Kinder. Am besten ist es, wenn alle Beutel den gleichen Inhalt haben, z. B. Früchte zum Teilen oder natürliche Gegenstände wie eine Zusammenstellung aus schönen Kieseln, Lärchenzapfen und Blättern.
- Die Schatzbeutel an verschiedenen Orten des Bereichs verstecken und sich notieren, wo man welchen versteckt hat, indem man für sich eine schnelle Skizze zeichnet und die Orte mit einem „X" in der entsprechenden Farbe markiert. Die Schätze an einem offensichtlichen Ort innerhalb der Grenzen des Geländes „verstecken". Der Ort sollte so gewählt werden, dass er einfach auf der Skizze markiert werden und für den man eine einfache Suchanleitung geben kann. Ein Beispiel für ältere Kinder wäre „Geht zur Kreuzung der beiden Wege und dann 10 Schritte nach Norden." Das Versteck jedes Beutels (einschließlich der Schrittzahl) auf der Skizze als Erinnerung für sich selbst notieren. Bei jüngeren Kindern größere Beutel verwenden und sie an einer gut erkennbaren Stelle direkt neben einem großen Landschaftselement (statt ein paar Schritte davon entfernt) „verstecken".

- 1 oder 2 große Blätter Papier (z. B. Größe DIN A2) mit einem Brett oder einer Pappe als Unterlage, Bleistift, bunte Filzstifte. 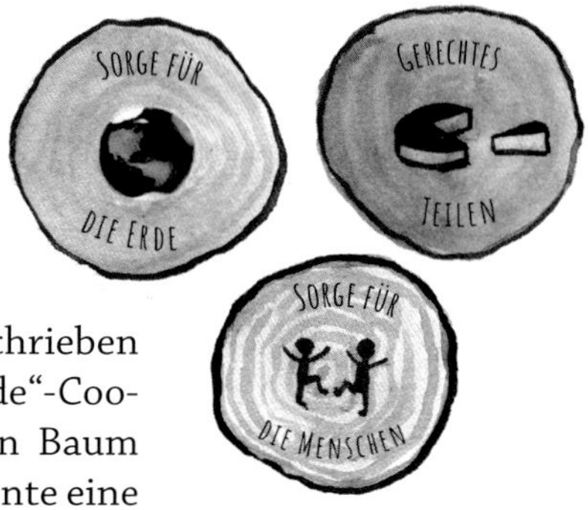
- 3 Grundsatzcookies (Holzcookies, auf die die drei ethischen Grundsätze der Permakultur gemalt und geschrieben wurden). Auf das „Sorge für die Erde"-Cookie könnte man zum Beispiel einen Baum malen und auf der anderen Seite könnte eine andere Bezeichnung für den Grundsatz stehen, z. B. „Kümmere dich um die Natur". Auf dem „Sorge für die Menschen"-Cookie könnte man tanzende Menschen zeigen und „Pass auf andere und dich selbst auf" auf die Rückseite schreiben. Auf das „Gerechtes Teilen"-Cookie könnte man das Bild eines Kuchens, aus dem ein Kuchenstück entfernt wurde, malen und „Teile den Überschuss" auf die andere Seite schreiben.
- Sicherheitsausrüstung soweit notwendig, z. B. ein aufgeladenes Mobiltelefon, Nutzen-Risiko-Bewertungen, Notfallplan, medizinische Formulare, Erste-Hilfe-Kasten usw.
- Bei einer hohen Regenwahrscheinlichkeit kann es nützlich sein, je nach Gruppenaufteilung eine oder zwei wasserdichte Planen mitzubringen.
- Wenn die Kinder die Himmelsrichtungen noch nicht kennen, kann ein großer Holzcookie (Durchmesser 15–30 cm) mit N, O, S, W an den entsprechenden Stellen beschriftet werden und als Orientierung in die Mitte gelegt werden.
- Eine Karte der Region im großen Maßstab, ungefähr eine Karte für sechs Kinder.

b) Vorbereitung des Ortes und/oder der Teilnehmenden:
Suchen Sie einen Wald mit möglichst großer Biodiversität und definieren Sie darin ein Gebiet, das für die Session gut geeignet ist. Das Gebiet im Voraus überprüfen, um gefährlichen Müll (z. B. Spritzen) zu entfernen. Die Teilnehmenden darüber informieren, dass sie genügend Wasser, Essen und geeignete Kleidung mitbringen. Man sollte sichergehen, dass alle Kinder die Grenzen des Gebiets kennen, bevor die Session anfängt, indem man die Grenzen mit ihnen erkundet und/oder das Spiel „1, 2, 3, wo seid ihr?" spielt (bereits in einer vorherigen Session eingeführt). Das Spiel wird im Sessionplan „Lerne den Wald kennen" beschrieben.

11. BESCHREIBUNG DER SESSION

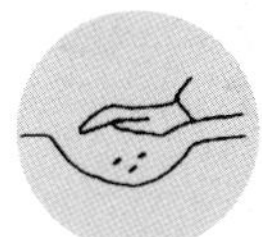

SÄEN

- Die Session mit einer kurzen Begrüßung und Würdigung des schönen Ortes und der tollen Menschen, die mit uns da sind, beginnen.
- Grundsätze der Permakultur: Im Sitzkreis die drei Grundsatz-Cookies hervorholen.
- Jeden Grundsatz hochhalten und die Kinder fragen, was dieser zum Umgang miteinander aussagt, den wir heute miteinander pflegen wollen. „Sorge für die Erde“ könnte zum Beispiel heißen: „keine lebenden Pflanzen oder Tiere verletzen“, „Sorge für die Menschen“, „wir werden einander nicht wehtun und die Gefühle der anderen respektieren“ und „Gerechtes Teilen“ „wir werden die Dinge, die wir finden, gerecht teilen und dafür sorgen, dass alle die gleiche Redezeit haben“.
- Eine passende Geschichte für den Einstieg ausdenken.

Es ist nützlich, die Session mit einer persönlichen Geschichte (beispielsweise aus der Kindheit der Lehrenden) zu beginnen, da dies dem Inhalt der Session mehr Gewicht verleiht und Verbundenheit schafft. Wem es schwerfällt, eine eigene Geschichte zu finden, kann die auf der nächsten Seite beschriebene Geschichte aus Lusi Alderslowes Kindheit verwenden oder anpassen. Nachdem man die Geschichte erzählt hat, kann man die Kinder fragen:

- „Hat sich jemand von euch schon einmal verlaufen?“ und sich dann einige ihrer Geschichten anhören.
- Oder man kann fragen: „Wie können wir dafür sorgen, dass wir uns nicht verlaufen?“ und dann alle hilfreichen Vorschläge begrüßen und die Kinder bitten zu erklären, warum ihre Vorschläge nützlich sind. (z. B. „Warum ist eine Karte hilfreich?“). Dabei kann das Gespräch auch in eine andere Richtung gehen als erwartet und die aufkommenden Ideen können für zukünftige Sessions notiert werden.

„Als ich ungefähr so alt war wie ihr (8–12 Jahre), habe ich an einem Orientierungslauf teilgenommen. Mein Vater und mein Bruder sind eine lange Strecke gelaufen und meine Stiefmutter und ich eine kurze, ungefähr 5 bis 6,5 Kilometer, für die wir ungefähr eine Stunde hätten brauchen sollen. Meine Stiefmutter hielt die Karte und versuchte uns zu den verschiedenen Streckenmarkierungen zu führen. Sie hat sich die Karte oft lange angesehen und dann gesagt: „Okay, ich glaube wir sind hier. Das heißt also wir müssen … da lang." Ich erinnere mich, wie ich einmal in die Richtung sah, in die sie zeigte und da ein Dickicht aus Brombeersträuchern und Brennnesseln war. Wisst ihr, wie dornig Brombeersträucher und Brennnesseln sind? Nun, meine Stiefmutter meinte, weil das der Weg sei, müssten wir da genau durch die Mitte, statt außen rumzugehen. Ich habe später erfahren, dass man um das Dickicht herum bis zu einem festen Punkt gehen und dann von da zur Wegmarkierung gelangen kann. Wir haben also lange gebraucht und waren uns nicht immer sicher, wo wir waren. Das Laufen durch den Wald hat mir Spaß gemacht, aber ich war verwirrt, wenn wir den gesuchten Ort nicht finden konnten. Schließlich fanden wir den Weg und schafften es zum Ausgangspunkt zurück, als es gerade dunkel wurde. Mein Vater und mein Bruder waren schon seit Stunden zurück und es gab einen Suchtrupp, der nach uns suchte! Danach beschloss ich, dass ich lernen wollte, wie man Karten liest und nach kurzer Zeit konnte ich das auch und seitdem habe ich mich nie mehr wirklich verirrt. Meine Stiefmutter hat auch gelernt, Karten zu lesen und wir lieben es zusammen und allein wandern zu gehen und auf Berge zu klettern und Karten zu folgen, die uns helfen, neue und sichere Wege zu finden."

WACHSEN

- Die Kinder bitten zu erklären, was eine Karte ist und wie diese ihnen dabei helfen kann, den Schatz zu finden. Man kann den Kindern eine Karte der Region mit einem großen Maßstab zeigen und sie fragen, was ihnen darauf auffällt und so hören, was sie bereits wissen oder wofür sie sich interessieren (das kann die unterschiedlichen Merkmale einer Karte einschließen: Legende, Maßstab, Farben, Flüsse, Häuser usw.). Vielleicht ist es notwendig, die Kinder in kleinere Gruppen zu teilen, um so zu ermöglichen, dass jedes Kind gehört wird und mit der Karte interagieren kann.

- Der/die Lehrende kann ein Flipchart-Papier auf einem Brett oder einer Tafel anbringen, darauf den Nordpfeil einzeichnen und dann mit den Kindern über Norden, Osten, Süden und Westen reden. Die Kinder kennen vielleicht eine Eselsbrücke, die das Merken der Himmelsrichtungen erleichtert, wie zum Beispiel „Niemals Ohne Seife Waschen". Fordern Sie die Kinder auf, abwechselnd eine skizzenhafte Karte des Gebiets zu zeichnen. Am besten beginnen sie mit den Grenzen der Region, in der die Session stattfindet. Fragen Sie dann die Kinder, was die wichtigsten Merkmale der Region sind und wo sie sich auf der Karte befinden. Bitten Sie sie, diese einzuzeichnen und an der Seite der Karte eine entsprechende Legende zu erstellen (z. B. die blaue Linie ist der Fluss). Den Titel und das Datum aufschreiben (z. B. „Dachsspurfundort, Mai 2016").
- Die Kinder bilden so viele Gruppen, wie es Schatzbeutel gibt (ungefähr 2 bis 4 Kinder pro Gruppe) und jede Gruppe erhält einen Farbnamen, der der Farbe eines der Beutel entspricht (d. h. die blaue Gruppe sucht den blauen Beutel).

- Dann kann der/die Lehrende jeder Gruppe auf der Karte zeigen, wo ihr Schatz versteckt ist, indem er/sie ein Kreuz in der entsprechenden Farbe zeichnet, also z. B. für den blauen Beutel ein blaues Kreuz. Je nach Alter und Vorwissen der Kinder kann es sinnvoll sein, zusammen mit den Kindern zu besprechen, wo sich der Beutel im Verhältnis zu den Landschaftsmerkmalen des Gebiets befinden könnte.
- Jede Gruppe sollte als Team zusammenarbeiten, um ihren Schatz zu finden.

ERNTEN

Nachdem alle Gruppen ihren Schatz gefunden haben, sollten Sie sie auffordern, den Inhalt gerecht zu teilen. Fragen Sie sie, wie es für sie war, den Schatz zu finden und was besser hätte sein können.

Man kann den Kindern auch ein paar spezifische Fragen zu ihrem Tag stellen, um ihn nochmal zu reflektieren; so zum Beispiel:

1) Wie können wir dafür sorgen, dass wir uns nicht verirren?
2) Was macht eine gute Karte aus?
3) Was für einen Schatz habt ihr bekommen?

Die Kinder können ihren Schatz danach mitnehmen, ihn für eine andere Aktivität verwenden oder beim freien Spielen nutzen.

Bevor der Ort verlassen wird, sollten sich alle nochmals umblicken und sicherstellen, dass kein Abfall zurückgelassen wurde und der Ort so hinterlassen wird, wie er vorgefunden wurde.

12. GRUNDSÄTZE UND PRINZIPIEN DER PERMAKULTUR

Diese Session ist ein Beispiel für:

- **Sorge für die Erde**, weil die Kinder den Wald schätzen und lernen, keine Lebewesen zu verletzen.
- **Sorge für die Menschen**, indem z. B. auf eine geeignete Gruppengröße geachtet und den Kindern aufmerksam zugehört wird. Die Kinder lernen außerdem, wie man sich nicht verirrt und wie man bei der Schatzsuche als Team zusammenarbeitet.
- **Gerechtes Teilen**, weil die Kinder ihren Schatz gerecht aufteilen, ihre Erfahrungen teilen und den Ort so hinterlassen, wie sie ihn vorgefunden haben oder sogar noch ein bisschen besser.
- **Beobachte und interagiere**, weil die Kinder durch das Kartenlesen die Landschaft besser kennenlernen und die Suche nach verschiede-

nen Ressourcen im Gebiet ihnen hilft, dasjenige bewusst wahrzunehmen, was bereits da ist, ihnen aber sonst vielleicht entgangen wäre.

- **Erwirtschafte einen Ertrag** – Der Hauptertrag ist das Lernen. Ein weiterer Ertrag sind Spaß und Abenteuer im Wald und der Aufbau einer Verbindung zur Natur.
- **Nutze und schätze erneuerbare Ressourcen und Dienstleistungen**, weil bei der Schatzsuche darauf geachtet wird, wo immer möglich erneuerbare Ressourcen zu verwenden.
- **Produziere keinen Abfall**, weil die Kinder daran erinnert werden, keinen Abfall im Wald zurückzulassen.
- **Gestalte vom Muster hin zum Detail**, da die Schatzkarte vom Muster hin zum Detail entworfen wird (zuerst das Gebiet allgemein, dann das Versteck des Schatzes).

13. INSPIRATION

14. IDEEN FÜR WEITERFÜHRENDES LERNEN UND ERLEBNISSE

Es gibt viele weitere „Weg finden"-Aktivitäten, die genutzt werden können, um spielerisch ein räumliches Bewusstsein zu entwickeln. Basierend auf den Dingen, die die Kinder in ihrem Schatz gefunden haben, kann ein neues Projekt entwickelt oder basierend auf den Interessen der Kinder ein weiteres Thema erforscht werden.

V.5 BODENTEST

von Lusi Alderslowe

1. ALTER	2. GRUPPENGRÖSSE
8 + Jahre	3 bis 15 Kinder pro Erwachsene:n

3. DAUER

Teil A dauert ungefähr 60+ Minuten.
Teil B findet eine Stunde später statt und dauert 5 Minuten.
Teil C findet nach 24 Stunden statt und dauert 10 bis 30 Minuten.

4. KURZER ÜBERBLICK

Bei dieser praktischen Aktivität führen die Kinder Bodentests durch, um herauszufinden, wie ihr Boden beschaffen ist – Sand, Schluff, Ton, Lehm. Dabei singen sie ein Lied, arbeiten in Teams und lernen, woraus Erde besteht. Die Aktivität eignet sich gut, wenn man dabei ist, einen Garten zu gestalten, da die Kinder im Anschluss recherchieren können, welche Pflanzen gut auf diesem Boden wachsen werden.

5. CURRICULUM THEMENBEREICH

Themenbereich		Thema	3–6 Jahre	7–12 Jahre
A	EINFÜHRUNG IN DIE PERMA-KULTUR	1. Grundsätze und Prinzipien der Permakultur		
		2. Verbindungen		
B	NATUR (ER)LEBEN	3. Erde und Gestein		✔
		4. Wasser		
		5. Pflanzen und Bäume		
		6. Das Tierreich, Pilzreich und Bakterienreich		
		7. Luft		
C	DESIGN	8. Gestalten		
D	NAHRUNG ANBAUEN	9. Nahrung anbauen		✔
		10. Nahrung zubereiten		
E	GEBAUTE UMWELT UND RESSOURCEN-NUTZUNG	11. Gebäude		
		12. Geschenke der Natur weise nutzen		
F	SOZIALE PERMAKULTUR	13. Mein Körper, Herz und Kopf		
		14. Meine Gemeinschaft		
		15. Unsere menschliche Familie		

6. FACH

Mathematik / Sprache / Naturwissenschaften (Biologie, Chemie, Physik)
Gesellschaftswissenschaften (Geografie)/Kunst (Musik …)

7. JAHRESZEIT

Jede – solange der Boden nicht gefroren ist.

8. ORT

Wald / Wiese / Garten

9. GANZHEITLICHE PLANUNG

- Beobachten, wie sich Erde in Wasser auflöst und wann sich die verschiedenen Bodenmineralien absondern.
- Verschiedene Bodenarten sehen, anfassen und riechen: Sand, Schluff, Ton und Lehm.

- Erde mit den Händen anfassen und sammeln.
- Einen Bodentest im Glas durchführen.

- Ein Lied über Böden singen.
- Erleben, wie Hände durch Erde schmutzig werden.
- Den Boden spüren und mit ihm eine Verbindung aufbauen.

- Bodentexturen kennenlernen und herausfinden, welche sich im eigenen Garten/Gelände finden lassen.
- Die Eigenschaften von Böden kennenlernen: Woraus besteht er? Was macht ihn fruchtbar?

10. VORBEREITUNG DER MATERIALIEN UND RESSOURCEN

a) Benötigte Materialien und Werkzeuge

Der Liedtext kann auf ein großes Blatt Papier geschrieben werden, damit die Kinder ihm folgen können.

Außerdem braucht jede Dreiergruppe:

- ein durchsichtiges Marmeladenglas (ca. 330 ml) mit Deckel
- ein Werkzeug zum Graben (z. B. ein Pflanzkelle oder einen Spaten)
- ein Etikett für das Glas
- einen Filzstift für das Glas
- zwei Bleistifte
- ein Lineal
- Sand
- Ton
- Wasser (ca. 250 ml)
- ein Zeitungsblatt
- ein Handout mit Abbildungen der Bodenarten (siehe unten).

b) Vorbereitung des Ortes und/oder der Teilnehmenden

Dieser Sessionplan eignet sich, wenn man mehr über den Boden erfahren möchte. Das kann den individuellen Umständen entsprechend auf verschiedene Weisen geschehen. Zum Beispiel ist der Boden eines der ersten

Dinge, über das man mehr in Erfahrung bringen sollte, wenn man einen Gemüsegarten plant, um einschätzen zu können, welche Pflanzen dort wachsen können und welche nicht. Die Gruppe kann auch eine breitere Untersuchung von Böden durchführen. Oder die Kinder haben eine Geschichte gelesen oder Aktivitäten durchgeführt, die sie so interessant fanden, dass sie mehr über Böden lernen wollen.

11. BESCHREIBUNG DER SESSION

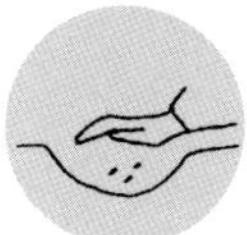

SÄEN

Ein Lied über den Boden singen, so wie dieses von Lusi Alderslowe. Das Audio dazu gibt es auf www.childreninperma culture.com. Der Text (auf Deutsch übersetzt) lautet:

In der Erde gibt es drei Arten von Mineralien
In der Erde gibt es drei Arten von Mineralien

Es gibt ein grosses körniges oder knirschendes Sand genannt
unten am Strand fühlt man das in der Hand

In der Erde gibt es drei Arten von Mineralien
In der Erde gibt es drei Arten von Mineralien

Die andere ist mittelgroß, Schluff genannt
Sie fühlt sich seifig an, wenn du sie an deinem Kleid reibst

In der Erde gibt es drei Arten von Mineralien
In der Erde gibt es drei Arten von Mineralien

Die letzte ist winzig, Lehm genannt
rutscht und gleitet überall

In der Erde gibt es drei Arten von Mineralien
In der Erde gibt es drei Arten von Mineralien

Mögliche Bewegungen für dieses Lied

- Drei verschiedene Mineralien: drei Finger zeigen, so tun, als würde man mit einem Spaten im Boden graben
- Sand: die Arme weit ausstrecken
- Schluff: die Hände waschen (seifig)
- Ton: mit den Füßen hin und her rutschen

WACHSEN

1. In Gruppen aufteilen

Teilen Sie die Kinder in Dreiergruppen ein und geben Sie jedem Kind eine der folgenden Rollen: Eines misst am Glas und schreibt die Ergebnisse auf, eines rechnet und eines bestimmt die Bodenart auf dem Diagramm. Wenn ein Gruppenmitglied arbeitet, beobachten die anderen.

2. Erde sammeln

Jede Dreiergruppe bekommt ein Glas mit einem leeren Etikett, auf das sie ihre Namen schreiben. Dann sucht sich jede Gruppe einen individuellen Bereich des Gartens aus, um eine Bodenprobe zu entnehmen; z. B. das Hochbeet, der Bereich unter den Bäumen, die Fläche, auf der nur Gras wächst, oder die Fläche, die den ganzen Tag in der Sonne liegt. Die Kinder graben in ihrem Bereich ein ungefähr 12 cm tiefes Loch und geben etwas Erde vom Boden des Lochs in das Glas, bis dieses zu einem Drittel gefüllt ist.

3. Die Erde anfassen

Wenn die Kinder die Erde gesammelt haben, kommen sie alle zusammen und verteilen ihre Erdproben auf einem Zeitungspapier. So können sie die Farbe der Erde betrachten, ihre Textur erfühlen oder sehen, wie viele Würmer oder andere Kleinlebewesen sich darin befinden. Sie können ihre Erde mit derjenigen von anderen Gruppen und auch mit der Sand- und der Tonprobe vergleichen, die der/die Lehrende bereitstellt, und die Unterschiede miteinander diskutieren.

Danach können die Kinder aus der Erde eine Kugel (3 cm) oder eine Wurst formen. Wenn sie sehr trocken ist, können einige Wassertropfen hinzugefügt werden, bis die Erde feucht (aber nicht schlammig) ist. Die Kinder können das gleiche Experiment auch mit den bereitgestellten Sand- oder Tonproben durchführen und mit ihrer Erde vergleichen.

Die Kinder werden bemerken, dass sich sandiger Boden rau und lose anfühlt. Man kann daraus keine Kugel formen, denn er zerfällt, wenn

man ihn zwischen den Fingern reibt. Tonerde hingegen ist glatt und klebrig, und man kann daraus eine Wurst ohne Risse formen. Bei Tonerde muss man dazu allerdings mehr Druck ausüben als bei Lehm, aber sie zerfällt auch nicht so leicht. Lehmerde setzt sich aus Sand-, Schluff- und Tonpartikeln zusammen und fühlt sich glatt, glitschig, teilweise rau und klebrig an, und man kann daraus eine Kugel formen, die leicht zerfällt.

4. Bodentest im Glas – Teil A

Besprechen Sie mit den Kindern die unterschiedlichen Korngrößen von Sand, Schluff und Ton. Dabei kann das Handout helfen. Lassen Sie die Kinder Vermutungen anstellen, welcher Typ Erde in Wasser aufgelöst sich zuerst am Boden des Glases absetzt.

Für den Bodentest geben die Kinder die gesammelte Erde wieder zurück in das Glas, bis es zu einem Drittel gefüllt ist, und entfernen dabei alle sichtbaren Lebewesen (z. B. Würmer). Wenn genug Material (Sand, Ton, Gläser und Wasser) vorhanden ist, kann jede Gruppe noch ein weiteres Glas zu einem Drittel mit Sand füllen und ein anderes zu einem Drittel mit Ton. Die Kinder werden dann aufgefordert

- Wasser in die Gläser zu geben, bis diese zu zwei Dritteln gefüllt sind,
- den Deckel fest zuzuschrauben,
- das Glas zwei Minuten lang kräftig zu schütteln, um Erde und Wasser gut zu vermischen und
- die Gläser danach auf eine glatte Oberfläche zu stellen, wo sie in den nächsten 24 Stunden nicht bewegt werden (z. B. in ein Regal im Klassenzimmer), damit sich die Erde im Wasser absetzen kann. Nach einer Minute können die Kinder einen Strich am oberen Rand der abgesetz-

ten Erde ziehen. Dabei ist es wichtig, dass sie die Gläser nicht schütteln, damit sich die abgesetzten Schichten nicht neu vermischen. Danach können die Kinder die Unterschiede zwischen den Gläsern mit Sand, Ton und anderen Bodenarten betrachten und miteinander diskutieren. Zugleich ist es wichtig, dass die Kinder hier auch etwas Zeit zum Spielen haben.

5. Bodentest im Glas – Teil B
Nach einer Stunde können die Kinder einen weiteren Strich am oberen Rand der inzwischen abgesetzten Erde ziehen.

6. Bodentest im Glas – Teil C
Nach einem Tag (24 Stunden) können die Kinder nochmals einen Strich am oberen Rand der abgesetzten Erde ziehen und die Unterschiede zwischen den Gläsern mit Sand, Ton und anderen Bodenarten betrachten. Jeder Gruppe wird das Handout mit den Abbildungen der verschiedenen Gläser gegeben und erklärt, wie es anzuwenden ist.

Danach wird jede Gruppe aufgefordert, die Höhe jeder Sand-, Schluff- und Tonschicht in Millimetern zu messen und die Ergebnisse aufzuschreiben. Die Kinder können dann bestimmen, welche Bodenart sie vor sich haben. Ältere Kinder können auch dazu angeregt werden, den prozentualen Anteil jeder Mineralienart in ihrer Erde zu berechnen.

Zusätzliche Informationen für die Lehrenden
Sand setzt sich aus Wasser innerhalb von 1–2 Minuten ab, Schluff innerhalb von 1–2 Stunden und Ton nach 1–2 Tagen.

Gesunder Boden besteht aus ungefähr 40 % Mineralkörnern (Sand, Schluff und Ton) und weist außerdem Luft (25 %), Wasser (25 %) und organische Substanzen (10 %) auf. Organische Substanzen sind Lebewesen (Würmer, Bakterien usw.) und ehemalige Lebewesen (tote Tiere, tote Blätter usw.). Dunklere Erde enthält normalerweise viele organische Substanzen, was bedeutet, dass sie fruchtbarer ist als hellere Erde.

Diese Informationen können den Kindern mitgeteilt werden, falls sie Interesse dafür zeigen.

ERNTEN

Jede Gruppe erzählt den anderen, wo sie ihre Erde gesammelt hat und welche Pflanzen dort wachsen. Die Kinder sollten hier genügend Zeit bekommen, um die Unterschiede zwischen den Böden verschiedener Orte zu besprechen.

Die Kinder können sich auch darüber austauschen, was sie gelernt haben oder was am Bodentest interessant war und was sie gern als Nächstes tun oder lernen möchten.

12. GRUNDSÄTZE UND PRINZIPIEN DER PERMAKULTUR

- **Sorge für die Erde** – Durch Beobachten, Anfassen und Riechen des Bodens können die Kinder eine direkte und tiefe Verbindung zu ihm herstellen. Sie lernen zudem mehr über den Boden und woraus er besteht; sie erfahren, dass es verschiedene Bodenarten gibt.
- **Sorge für die Menschen** – Die Kinder erleben Sorge für die Menschen durch Gruppenarbeit, miteinander Reden und einander Zuhören und gemeinsames Lernen.
- **Gerechtes Teilen** – Die Kinder werden dazu angehalten, nur so viel Sand und Ton zu nehmen, wie sie brauchen und den Überschuss mit anderen Kindern zu teilen. Sie werden auch dazu angehalten, dafür zu sorgen, dass jedes Kind einen gerechten Anteil am Experiment hat.
- **Beobachte und interagiere** – Die Kinder beobachten den Boden aufmerksam und interagieren mit ihm. Sie vergleichen Böden von verschiedenen Orten und stellen Vermutungen über den Grund für diese Unterschiede auf.
- **Nutze und schätze Vielfalt** – Jedes Kind hat eine Rolle in seiner Gruppe. Indem sie zusammenarbeiten, können sie einander als Lernende unterstützen. Die verschiedenen Bodenarten zeigen die Vielfalt in der Natur.
- **Alles gärtnert** – auch der Boden. Die Anteile der einzelnen Mineralienarten beeinflusst, welche Pflanzen dort wachsen können.

13. INSPIRATION

14. IDEEN FÜR WEITERFÜHRENDES LERNEN UND ERLEBNISSE

Ein möglicher nächster Schritt wäre, mehr über die Eigenschaften der verschiedenen Bodenarten herauszufinden und in Erfahrung zu bringen, welche Pflanzen welche Bodenart in den verschiedenen Bereichen des Gartens bevorzugen könnten. Falls eine Gruppe Erde aus einem Hochbeet genommen hat, könnte man über die Bodenart sprechen, die für den Anbau von Gemüse geeignet ist.

Kinder können auch Methoden zur Verbesserung der Fruchtbarkeit des Bodens im Schulgarten erforschen.

15. HANDOUTS

Handout 1 – Bodentest im Glas – Teil A

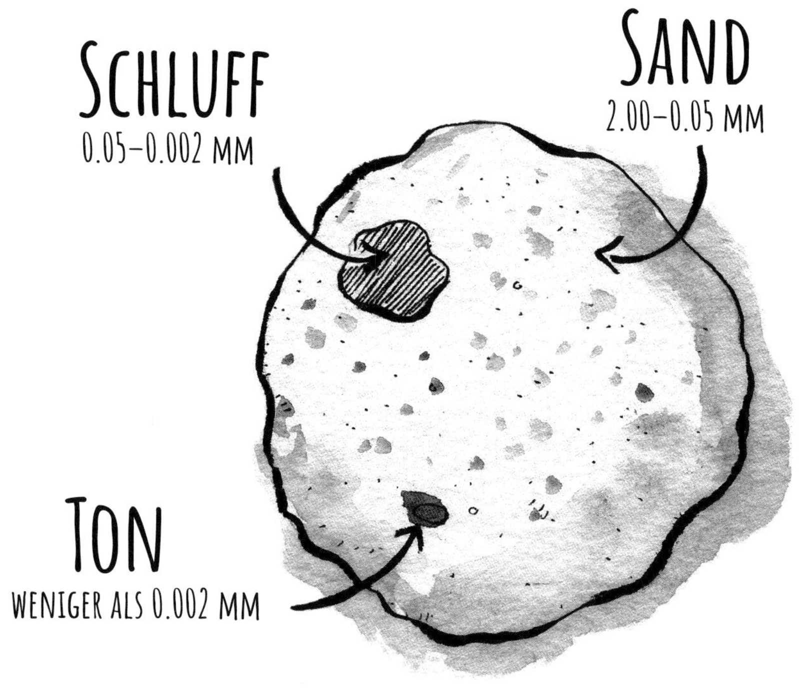

Handout 2 – Bodentest im Glas – Teil A

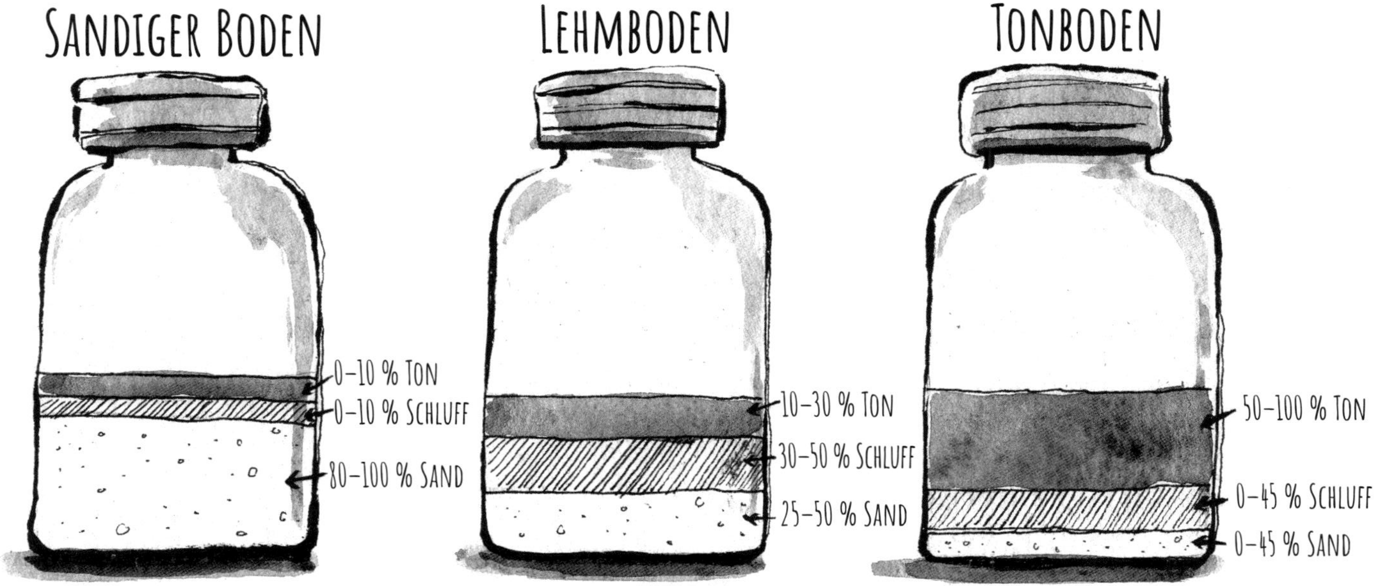

SANDIGER BODEN
0–10 % TON
0–10 % SCHLUFF
80–100 % SAND
LEHMBODEN
10–30 % TON
30–50 % SCHLUFF
25–50 % SAND
TONBODEN
50–100 % TON
0–45 % SCHLUFF
0–45 % SAND

@ Earth Care, People Care and Fair Share in Education www.childreninpermaculture.com

V.6 SHARING IS CARING

von Cecilia Furlan

1. ALTER

7 bis 10 Jahre

2. GRUPPENGRÖSSE

6 bis 10 Kinder

3. DAUER

2 bis 3 Stunden

4. KURZER ÜBERBLICK

Die Kinder erforschen die drei Grundsätze der Permakultur auf praktische Art und Weise, indem sie zu einer Sippe werden, sich selbst in einem Gesprächskreis ausdrücken, ein Lied singen, natürliche Geschenke teilen und sich um ein anderes Kind kümmern. Das ermöglicht es den Kindern, zueinander sowie zur Natur eine Verbindung aufzubauen.

5. CURRICULUM THEMENBEREICH

Themenbereich		*Thema*	*3–6 Jahre*	*7–12 Jahre*
A	**EINFÜHRUNG IN DIE PERMAKULTUR**	1. Grundsätze und Prinzipien der Permakultur		✔
		2. Verbindungen		
B	**NATUR (ER)LEBEN**	3. Erde und Gestein		
		4. Wasser		
		5. Pflanzen und Bäume		
		6. Das Tierreich, Pilzreich und Bakterienreich		
		7. Luft		
C	**DESIGN**	8. Gestalten		
D	**NAHRUNG ANBAUEN**	9. Nahrung anbauen		
		10. Nahrung zubereiten		
E	**GEBAUTE UMWELT UND RESSOURCENNUTZUNG**	11. Gebäude		
		12. Geschenke der Natur weise nutzen		
F	**SOZIALE PERMAKULTUR**	13. Mein Körper, Herz und Kopf		✔
		14. Meine Gemeinschaft		✔
		15. Unsere menschliche Familie		

6. FACH

Sprache / Kunst (Musik) / Gesundheit und Wohlbefinden / Gesellschaftswissenschaften (Geschichte)

7. JAHRESZEIT

Jede

8. ORT

Wald / Wiese / Garten / Strand / Ufer

9. GANZHEITLICHE PLANUNG

- Elemente in der Natur beobachten, während man nach natürlichen Elementen sucht, um diese mit anderen zu teilen.

- Erleben, was es heißt und wie es sich anfühlt, zu geben und zu nehmen.
- Sich selbst in einem Redekreis ausdrücken.
- Sich um ein anderes Kind kümmern.

- In der Natur nach Geschenken für ein anderes Kind suchen und/ oder herstellen.

- Herausfinden, was die Grundsätze der Permakultur, „Sorge für die Erde", „Sorge für die Menschen" und „Gerechtes Teilen" mit unserem Handeln zu tun haben.
- Erfahren, dass Menschen früher näher an der Natur gelebt und ihre Geschenke geteilt haben.

10. VORBEREITUNG DER MATERIALIEN UND RESSOURCEN

a) Benötigte Materialien und Werkzeuge

- Ein „Sprechgegenstand": ein Stein oder ein Holzstück, das im Sitzkreis herumgereicht werden kann.
- Zettel mit Namen aller Kinder, die gefaltet und in einen Beutel gelegt werden. Bei jüngeren Kindern kann sich unter dem Namen auch ein Foto des Kindes befinden. So können die Kinder den Namen eines anderen Kindes ziehen.

b) Vorbereitung des Ortes und/oder der Teilnehmenden:

Suchen Sie sich einen Ort, an dem es viele Dinge zu sehen und zu sammeln gibt; das kann ein Wald sein, aber auch ein Strand oder ein Flussufer. Wichtig ist zudem, dass der ausgewählte Ort groß genug für einen Sitzkreis ist. Den Ort vor der Session auf gefährlichen Abfall (z. B. Spritzen) absuchen. Die Kinder bitten, Trinkwasser, gesunde Snacks und geeignete Kleidung mitzubringen.

Wenn es kalt ist, ist es vielleicht gut, ein Feuer zu machen, um das herum man sich setzen kann. Dann müssen die Kinder aber auch schon wissen, wie sie sich in der Nähe von Feuer zu verhalten haben.

11. BESCHREIBUNG DER SESSION

SÄEN

Bilden Sie einen Sitzkreis und erzählen Sie eine Geschichte darüber, wie die Menschen hier früher mutmaßlich gelebt haben, wie sie mit der Erde in Harmonie lebten, sich umeinander gekümmert und die Geschenke der Natur miteinander geteilt haben.

Ziehen Sie dann eine Verbindung zwischen dem, was Sie in der Geschichte gerade erzählt haben und der Tatsache, dass wir in einem Kreis im Freien sitzen, wie eine Sippe. Fragen Sie die Kinder, ob sie denn jetzt gerne so tun würden, als ob sie eine Sippe wären.

Zeigen Sie den Kindern den „Sprechgegenstand“ und erklären Sie dessen Funktion: Reden darf immer nur jene Person, die den Sprechgegenstand in der Hand hält. Sitzt die Gruppe zum ersten Mal zusammen, kann man den Sprechgegenstand herumgeben und jedes Kind stellt sich kurz vor; es sagt seinen Namen und nennt den Namen eines Tieres, mit dem es sich an diesem Tag verbunden fühlt. In späteren Sitzkreisen können auch andere Themen angesprochen werden; wichtig ist, dass die Fragen, die an die Teilnehmenden gerichtet werden, klar und eindeutig formuliert sind. Alle anderen hören still, wohlwollend und aufmerksam der Person zu, die den Sprechgegenstand gerade in der Hand hat. Jedes Kind hat die Möglichkeit zu reden, und wenn eines nicht reden will, so kann es den Sprechgegenstand auch einfach weitergeben.

WACHSEN

Mit kleinen Kindern können die Lehrenden als Nächstes ein Lied singen oder die Geschenkkreis-Aktivität durchführen, damit sich die Kinder nach dem Sitzkreis bewegen können.

Danach kann man den Kindern zum Beispiel erklären, dass Menschen früher keine professionellen Musiker und Musikerinnen zur Unterhaltung hatten, sondern sie ihre eigene Musik gemacht und Lieder gesungen haben, dabei miteinander in Verbindung getreten sind und der Erde für ihre „Geschenke“ gedankt haben. Die Kinder können dann gefragt werden, ob sie gemeinsam ein solches Lied singen möchten. Falls die Kinder zustimmen, sollen alle aufstehen und ein Lied singen, am besten wird dazu auch noch getanzt. Dafür kann man ein bestehendes Lied und/oder einen Tanz auswählen oder auch improvisieren. Ein Beispiel ist „Aye Kerunene“, was „Lied für die Erde“ bedeutet und ein traditionelles afrikanisches Lied der Danksagung ist:

Aye
Kerunene
Keranio
Keruna

Keranio Eia Eia Eiae
Aie
Kerunene

Die Links zu den Noten, Aufnahmen und ein Beispielvideo sind auf Seite 134 zu finden.

- Nach dem Singen können die Kinder dazu aufgefordert werden, in die Natur zu gehen, um ein Geschenk zu finden oder eines zu basteln, das sie später einer anderen Person aus der Gruppe schenken werden. Dabei sollten die Kinder auch daran erinnert werden, dass sie achtsam mit der Natur umgehen und nur Dinge nehmen sollten, die nicht lebendig sind.
- Wenn die Kinder wieder in den Sitzkreis kommen, kann der/die Lehrende den Kindern den Beutel mit den Namenszetteln zeigen und erklären, dass der gezogene Name die Person sein wird, der sie das Geschenk geben werden.
- Der/die Lehrende kann den Kindern dann ein kleines Ritual als Beispiel dafür zeigen, wie sie ihr Geschenk überreichen können – z. B. zieht ein Kind einen Zettel aus dem Beutel, teilt allen eine Sache mit, die es an dem Geschenk, das es geschaffen hat, schätzt, und erklärt, wie das Geschenk für das andere Kind nützlich oder schön sein kann. Dann übergibt das Kind das Geschenk dem anderen, das es mit einem „Dankeschön" entgegennimmt.
- Nachdem alle an der Reihe waren und der „Geschenkkreis" beendet ist, legen die Kinder die Zettel mit den Namen wieder in den Beutel zurück.
- Danach sollen die Kinder einen weiteren Namen ziehen, aber diesen niemand anderem zeigen. Der gezogene Name ist die Person, um die sie sich den Rest des Tages heimlich kümmern werden, indem sie ihr Wasser bringen, ein Lied singen, ein Geschenk geben, ein Kompliment machen ... etwas, das ausdrückt, dass die Person ihnen etwas bedeutet.
- Danach sollten die Kinder die Möglichkeit haben, frei in der Natur zu spielen.

ERNTEN

Kehren Sie in den Sitzkreis zurück und lassen Sie die Kinder von ihren Erlebnissen erzählen. Fordern Sie die Kinder auf, noch einmal den Sprechgegenstand herumzugeben und der Gruppe zu sagen, was ihnen an dem gemeinsamen Erlebnis gefallen hat und wie es noch besser sein könnte, falls es wiederholt werden sollte.

Den Kreis mit einem großen „Dankeschön" schließen. Dazu nehmen sich alle an den Händen, beugen sich nach vorne zum Boden und sagen gemeinsam „Daaaaanke"; immer und immer kräftiger; die Arme werden dabei nach oben geschwungen und der Körper wieder aufgerichtet, und das „schöööön" ausgesprochen.

12. GRUNDSÄTZE UND PRINZIPIEN DER PERMAKULTUR

- **Sorge für die Erde** – Wenn die Kinder fühlen, was die Erde für sie bedeutet, kann ihnen das helfen, ein Gefühl der Zugehörigkeit und Zuneigung zu entwickeln. Das kann später für ein größeres Bewusstsein sorgen, wenn es um Entscheidungen geht, z. B. darüber, was sie essen oder anbauen wollen. Auch darauf zu achten, dass Pflanzen oder Bäume nicht verletzt werden, ist eine Art, für die Erde zu sorgen.
- **Sorge für die Menschen** – Durch Verhaltensweisen oder Handlungen, die positive Gefühle oder Freundlichkeit vermitteln, können Kinder fühlen, wie schön und lohnend es ist, sich umeinander zu kümmern. Sowohl für Kinder als auch für Erwachsene ist es wichtig, zu verstehen und zu fühlen, was Freundschaft und Zusammenarbeit bedeuten, indem sie sie erleben.
- **Gerechtes Teilen** – Früh das Geben und Nehmen zu lernen, kann dazu beitragen, ein Gefühl der Zufriedenheit zu entwickeln, wenn unsere Grundbedürfnisse erfüllt sind, und dadurch auch eine Wertschätzung des Überschusses und die Fähigkeit, den Überschuss zu teilen.
- **Beobachte und interagiere** – „Schönheit liegt im Auge des Betrachters". Dieser Sessionplan hilft den Kindern, die Natur zu beobachten und ihre Gefühle der Natur gegenüber zu spüren, zu verstehen und zu verarbeiten.
- **Schätze und nutze Vielfalt** – Jedes Kind wird durch das Weiterreichen des Sprechgegenstands wertgeschätzt und gehört. Die Geschenke sind alle unterschiedlich, so, wie auch alle Kinder verschieden sind.

13.VERWEISE

Link zu dem Video eines Kinderchors, der dieses Lied singt:
https://www.youtube.com/watch?v=0S6I2PVAFlE
Auf dieser Seite finden sie außerdem die Noten und eine Aufnahme der Musik:
https://www.vrijeschoolliederen.nl/de/lied/aye-kerunene-1-2st/

14. INSPIRATION

15. IDEEN FÜR WEITERFÜHRENDES LERNEN UND ERLEBNISSE

Falls sich die Kinder für indigene Stämme interessieren, können sie zu diesen recherchieren, zum Beispiel zu den Menschen, die früher in ihrer Region gelebt haben, und ihre Lebensweise erforschen, etwa, indem sie entsprechendes Essen kochen, Unterkünfte errichten, Kunst oder Musik machen usw.

KAPITEL VI
PÄDAGOGISCHE RICHTLINIEN

Pädagogik ist „das Wie oder die Praxis des Erziehens ... ‚Es geht dabei um den interaktiven Prozess zwischen Lehrenden und Lernenden und um die Lernumgebung'" (Siraj-Blackford et al, 2002) (Wall, Litjens und Taguma, 2015).

Die in diesem Kapitel beschriebenen pädagogischen Richtlinien sind eine Zusammenstellung geeigneter Strategien, durch die Kinder und Lehrende positive Permakulturerfahrungen machen können. Sie unterstützen die Lehrenden bei der Gestaltung kindbezogener Sessions, die an die Interessen, die Bedürfnisse, das Alter, die Entwicklung und die Aufmerksamkeitsspanne der Kinder angepasst sind. Möchte man Kindern Permakultur näherbringen, ist es wichtig, eine Atmosphäre zu schaffen, die ihnen Möglichkeiten bietet, sich selbst auszudrücken, kreativ zu sein und zu forschen.

Für Lehrende kann es hilfreich sein, das Prinzip „Nutze kleine und langsame Lösungen" zu berücksichtigen, da es Zeit und Übung braucht, um einige der beschriebenen Fähigkeiten zu entwickeln. In jedem der nachfolgenden Abschnitte sind deshalb auch Fragen aufgeführt, die den Lehrenden während der Vorbereitung des Sessionsplans helfen können, die pädagogische Eignung einzuschätzen.

VI.1 HERANGEHENSWEISE DER LEHRENDEN

Entsprechend dem Permakultur-Prinzip „Beobachte und interagiere" sollten Lehrende die Muttersprache, das häusliche Umfeld, die Bedürfnisse und die Interessen eines jeden Kindes in Erfahrung bringen, ehe sie das Kind persönlich kennenlernen (z. B., indem sie sich mit den Eltern, Betreuer:innen und/oder anderen Lehrenden austauschen). Im Laufe der Zeit können Lehrende dann beobachten, wie das Kind mit anderen interagiert, was es mag, wo seine Stärken liegen und wo es Unterstützung braucht. So können Lehrende eine Verbindung zu dem Kind aufbauen, flexibel auf seine Bedürfnisse reagieren und auf seinen bestehenden

Interessen aufbauen. Diese kindbezogene Herangehensweise fördert das Wohlbefinden des Kindes und ist eine wichtige Grundlage einer ganzheitlichen Pädagogik (siehe dazu auch den Ansatz von Fröbel).

Um für eine kindbezogene Herangehensweise zu sorgen, sollten Lehrende Kindern die Möglichkeit zum freien, ungeregelten Spiel geben. Das Spielen wird dabei allein vom Kind initiiert und geleitet. Das ermöglicht es den Kindern, zu erforschen, zu erschaffen und zu entdecken, mit ihren eigenen Ideen zu experimentieren und die neu erlernten Fähigkeiten einzubringen. Beim unstrukturierten Spielen können Kinder zudem lernen, Risiken einzuschätzen und einzugehen, Entscheidungen zu fällen, zusammenzuarbeiten, zu teilen, zu verhandeln und Konflikte zu lösen. Währenddessen können Erwachsene die Kinder beobachten und sehen, welche Erfahrungen sie machen und welche Interessen und Bedürfnisse entstehen.

Darüber hinaus verfolgt die KiP-Pädagogik einen kindgeführten Ansatz, der sich darauf konzentriert, den Kindern die Möglichkeit zu geben, ihr Spiel, ihre Aktivitäten und/oder Projekte in die von ihnen gewünschte Richtung zu lenken. Das kann auf eine partizipatorische Weise geschehen, bei der die Kinder eine Aktivität initiieren und dann die Materialien, Werkzeuge und das Fachwissen suchen, um ihr Projekt durchzuführen.

Eine kindgeführte Aktivität kann aber auch durch die Lehrenden initiiert werden, indem sie eine Session planen, deren „Same" der Inspiration von überall herkommen kann – vom Kind, vom Lehrenden, vom Umfeld oder vom KiP-Curriculum. Die Lehrenden können den Samen aufgreifen und einen Sessionplan entwickeln, der einen Rahmen vorgibt und es den Kindern zugleich ermöglicht, sich auf ihre eigene kreative Weise auszudrücken. Fragt zum Beispiel ein Kind in einer Woche, ob es im Wald Feen gibt (Same), so kann der/die Lehrende in der nächsten Session eine Geschichte über Feen im Wald (Säen) erzählen und fragen: „Wollt ihr den Feen einen Ort zum Leben und Spielen bauen?" Die Kinder können dann die Session in die von ihnen gewünschte Richtung lenken, etwa, indem sie allein oder mit anderen Kindern selbst nach Materialien und Methoden suchen, um alle erdenklichen Bauwerke zu konstruieren, angefangen bei Schaukeln bis hin zu Palästen. Dieser kindgeführte Ansatz ermöglicht es den Lehrenden, die Ideen, Inspirationen und Rückmeldungen der Kinder in die aktuelle oder eine kommende Session zu integrieren und die Pläne an die Interessen der Kinder anzupassen.

Fragen zum Reflektieren

- Was wissen wir über die Kinder?
- Wie baut diese Session auf den bestehenden Interessen der Kinder auf?
- Wie können die Lehrenden im richtigen Augenblick flexibel genug sein, um die Richtung entsprechend den Interessen oder Bedürfnissen der Kinder zu ändern?
- Wie wird den Kindern in der Session die Möglichkeit gegeben, kreativ zu sein, Entscheidungen zu treffen und die Führung zu übernehmen?
- Beinhaltet die Session unstrukturiertes, freies Spielen?
- Was interessiert oder begeistert die Kinder, was wollen sie machen und wie kann die kommende Session darauf aufbauen?

VI.2 LERNUMGEBUNG

Die Lernumgebung besteht sowohl aus der physischen Umgebung als auch aus den sozialen Dynamiken. In einer ganzheitlichen Umgebung wird das Lernen und die Entwicklung des Kindes dadurch positiv beeinflusst und den Kindern und Lehrenden das Schaffen eines besonderen Ortes ermöglicht, der die Bedürfnisse und Interessen der Kinder unterstützt. Anregungen dazu bietet zum Beispiel die Reggio-Pädagogik (Edwards, Gandini & Forman, 1998). Die Art und Weise, wie das Kind auf seine Umgebung reagiert, kann zeigen, ob sie dem Kind entspricht und ob sie genügend Möglichkeiten zum Spielen, Lernen und Interagieren bietet. Bezieht man die Eltern, Kinder und Lehrenden in die Gestaltung einer Lernumgebung ein, drinnen oder draußen, kann dies ihr Gefühl der Teilhabe und Mitbestimmung stärken. Viele natürliche Umgebungen (wie Wälder und Strände) erfordern minimale Arbeit und bringen einen maximalen Effekt, da sie die Möglichkeit bieten, Grob- und Feinmotorik zu entwickeln (klettern, rennen, sammeln, anfassen), Probleme zu lösen, ein Gefühl für Ästhetik sowie emotionale Intelligenz zu entwickeln und vieles mehr.

Das Zonenkonzept der Permakultur kann bei der Gestaltung der Lernumgebung hilfreich sein. Zonen werden danach definiert, wie oft Menschen sie für die Instandhaltung und die Ernte aufsuchen. Daraus ergibt sich ihre bevorzugte Entfernung vom Zentrum. Sie werden in der Theorie normalerweise als konzentrische Kreise gezeichnet, wobei Zone 0 der zentrale Kreis ist und Zone 5 der äußerste. Das nachfolgende Beispiel zeigt, wie eine solche Zonenaufteilung für eine Grundschule aussehen könnte. Dabei muss jedoch bedacht werden, dass nicht jeder Ort über jede Zone verfügt, dass sich die Zonen je nach Schule und Faktoren (z. B. Mikroklima, Landschaft, bereits bestehende Elemente) an unterschiedlichen Orten befinden und sie sich im Laufe der Zeit auch verändern können.

Zone 0 – Der zentrale Lernraum, z. B. das Klassenzimmer. Dies kann ein dynamischer Ort sein, wo jedes Element (z. B. Kissen, Pflanzen, natürliche Materialien) viele Funktionen aufweist. Hier kann auch Nahrung angebaut werden, z. B. Sprösslinge, Samen, Setzlinge, Kompostkiste.

Zone 1 – Der Bereich direkt außerhalb des zentralen Lernraums und von innen überschaubar. Dieser Bereich eignet sich für Salate, Kräuter, eine Spielküche, einen Spielplatz für die jüngsten Kinder und einen einladenden Pfad und Eingang mit Kunstwerken und Dekorationen.

Zone 2 – Der Hauptteil des Gartens, der von der ganzen Gruppe zwei- bis dreimal pro Woche besucht wird, um ihn zu pflegen oder zu ernten, z. B. Kompost, Mandala-Garten, Folientunnel, einjähriges Gemüse. Auch Elemente wie ein Abenteuerspielbereich, Unterschlüpfe und andere Einzelelemente können sich in Zone 2 befinden.

Zone 3 – Die Bereiche des Gartens, die wöchentlich für die Instandhaltung und Ernte aufgesucht werden, z. B. Waldgarten, Kartoffeln, Weizen, Roggen usw. Zur Zone 3 können auch Orte gehören, die außerhalb liegen und wöchentlich besucht werden, wie zum Beispiel das Areal einer Waldschule.

Zone 4 – Die Orte, die weniger häufig besucht werden, entweder auf dem Schulgelände oder außerhalb, wie zum Beispiel Museen, Bibliotheken oder gute Orte für die Nahrungssuche.

Zone 5 – Eine wilde Zone, die nicht aktiv von Menschen bewirtschaftet wird. Das kann ein Gebiet mit Bäumen auf dem Schulgelände sein, aber auch ein Wald oder ein Ufergebiet. Bei der Permakultur ist es auch nützlich, wenn sich in der Zone 1 eine kleine Zone 5 befindet. Dabei handelt es sich um einen Bereich, der in der Nähe des Schulgebäudes angelegt wird, um die Artenvielfalt auf dem Gelände zu fördern. Zum Beispiel ein Vogelfutterhäuschen in der Nähe des Klassenzimmerfensters.

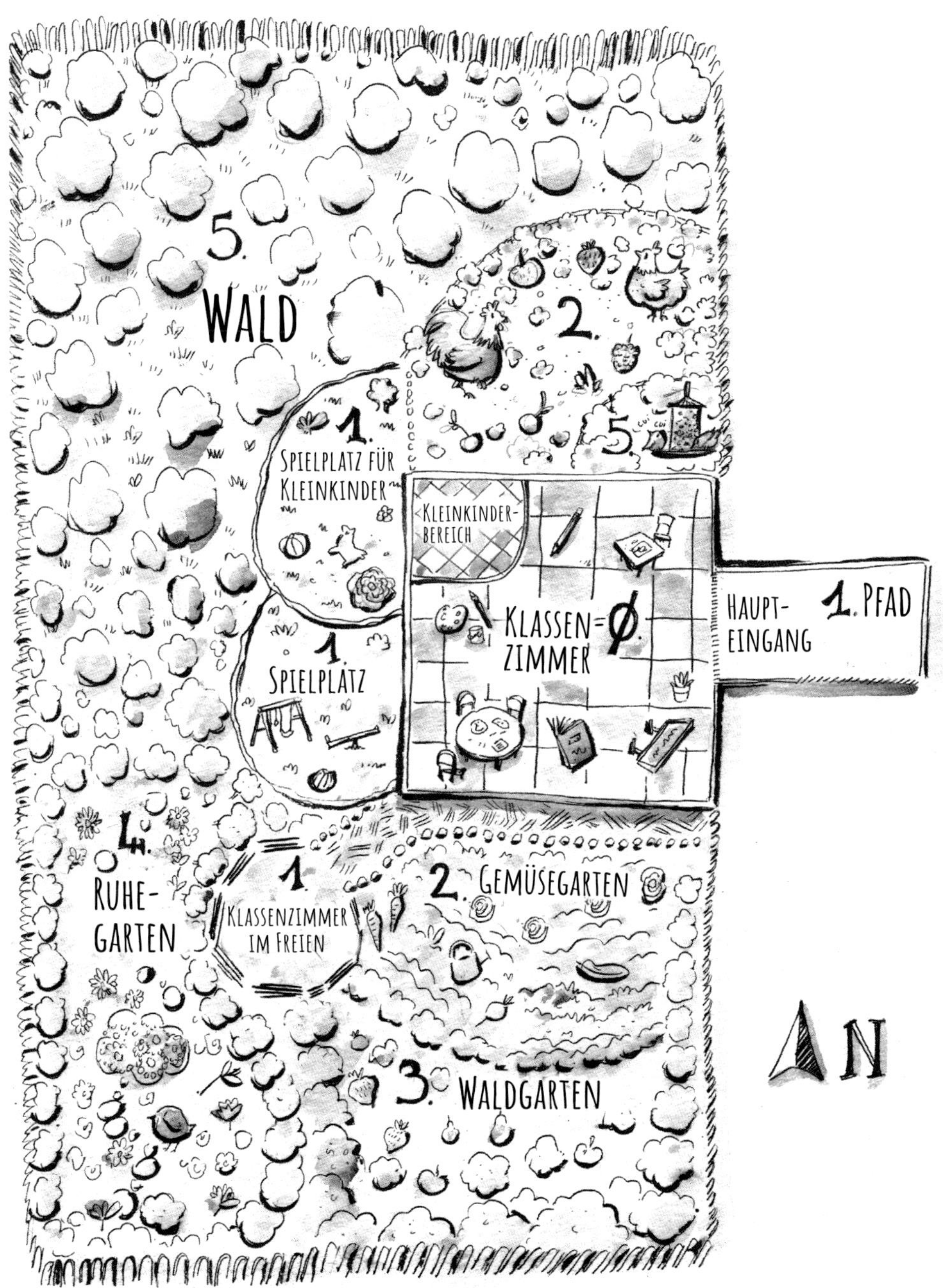
5.
WALD
2.
5.
1.
SPIELPLATZ FÜR
KLEINKINDER
KLEINKINDER-
BEREICH
KLASSEN-
ZIMMER
=Ø.
HAUPT-
EINGANG
1. PFAD
1.
SPIELPLATZ
4.
RUHE-
GARTEN
1.
KLASSENZIMMER
IM FREIEN
2. GEMÜSEGARTEN
3. WALDGARTEN
N

Fragen zum Reflektieren

• Wie bietet diese Umgebung Reize für alle Sinne?
• Welche unbeschränkten, sicheren Ressourcen stehen für das freie Spielen zur Verfügung?
• Gibt es auf dem Gelände verschiedene Bereiche, die unterschiedliche Aktivitäten und sich ändernde Bedürfnisse unterstützen (z. B. Ruhebereich, Musikbereich, großflächiger Spielbereich usw.)?
• Wie kann das Gelände für die Arbeit in kleinen Gruppen angepasst werden?
• Wie kann die Lernumgebung fantasievolles und kreatives Spielen fördern?
• Wie wird die Lernumgebung Menschen mit unterschiedlichen Bedürfnissen unterstützen (z. B. solche mit Sehbehinderung oder körperlichen Einschränkungen usw.)?
• Was für ein Gruppenklima wird geschaffen? Gibt es ein Klima der Akzeptanz, Toleranz und Meinungsfreiheit, in dem sich die Kinder wertgeschätzt und unterstützt fühlen?
• Wie können Kinder ihre eigenen Bereiche gestalten und schaffen?

VI.3 MIT KINDERN KOMMUNIZIEREN

Kommunikation ist ein Prozess, der in zwei Richtungen verläuft und ein gegenseitiges Verständnis sowie den Austausch von Ideen ermöglicht. Es ist deshalb wichtig, dass die Lehrenden sowohl auf der verbalen als auch der nonverbalen Ebene alters- und kindgerecht, inklusiv, positiv und ganzheitlich kommunizieren. Sie sollten in einem freundlichen, mitfühlenden Tonfall sprechen, damit sich die Kinder wohl dabei fühlen, ihre Ideen auszudrücken. Lehrende sind Vorbilder. Kinder werden also ihrem Beispiel folgen und lassen sich durch ihre Worte, ihren Tonfall und ihre Körpersprache beeinflussen.

Spricht man mit Kindern, ist es hilfreich, die eigene Sprache an das Kind anzupassen und dabei sein Alter, seine Sprache (Muttersprache, Gebärdensprache), seine Lernschwierigkeiten und seine Entwicklung usw. zu berücksichtigen.

Um die eigene Sprache kindgerecht zu gestalten (Department for Children, Schools and Families, 2008), sollte man:

- klare und kurze Sätze verwenden,
- Wörter verwenden, die die Kinder verstehen können,
- regelmäßig mit verbalen und nonverbalen Zeichen prüfen, ob die Kinder verstanden haben,
- Kindern Zeit zum Antworten geben.

Damit auch die Kommunikation die Prinzipien der Permakultur, einschließlich „Nutze und schätze Vielfalt“, widerspiegelt, sollte eine Sprache verwendet werden, die Gleichheit fördert und ethnische, religiöse, geschlechtliche und kulturelle Vielfalt anerkennt und wertschätzt. Auch der Grundsatz „Gerechtes Teilen“ kann sich in der Kommunikation widerspiegeln, zum Beispiel, wenn jedes Kind die gleiche Chance erhält, sich selbst auszudrücken und gehört zu werden.

Offene Fragen wie „Was hat sich im Wald verändert, seit wir das letzte Mal hier waren?“ ermöglichen es den Kindern, selbst zu denken, und fördern die Kreativität. Geschlossene Fragen sind hingegen Fragen, auf die nur mit Ja/Nein geantwortet werden kann, wie zum Beispiel „Ist es heute sonnig?“, und führen daher seltener zu Gesprächen. Dennoch kann es manchmal sinnvoll sein, geschlossene Fragen zu stellen, etwa um herauszufinden, was Kinder bereits wissen, z. B. „Können Menschen Bäume essen?“. Danach kann den Kindern dabei zugehört werden, wie sie Vermutungen anstellen oder über die Gründe für ihre Antwort diskutieren.

Rhetorische Fragen können verwirrend sein, zum Beispiel:

„Kinder, wisst ihr, warum es regnet?“

„Nein.“

„Nun, weil ...“ und die Lehrerin oder der Lehrer erklärt.

Statt die Antworten selbst zu geben, ist es sinnvoller, mit einem Dialog auf dem Wissen der Kinder aufzubauen, da Kinder so die Möglichkeit haben, ihre eigenen Meinungen zu entwickeln, ihre Analysefähigkeit zu üben, zu denken, zu reflektieren, Probleme zu lösen usw. Die Rolle des Erwachsenen besteht darin, diesen Prozess zu unterstützen und zu erkennen, wofür sich die Kinder interessieren.

Fragen zum Reflektieren

- Ist die verwendete Sprache kind- und altersgerecht?
- Unterstützen Sprachgebrauch und Umgangston eine positive Kommunikation? Wie kann man mögliche individuelle Unterschiede berücksichtigen (z. B. Muttersprache, Gebärdensprache)?
- Wie zeigt die verwendete Sprache Verständnis für Ethnizität, Geschlecht, Sprache, besondere Bedürfnisse, häusliches Umfeld (einschließlich LSBTI-Bewusstsein, Alleinerziehende, adoptierte Kinder usw.)?
- Wie sorgt man dafür, dass man überwiegend offene Fragen stellt?
- Wofür interessieren sich die Kinder und hören wir ihnen aufmerksam zu?

VI.4 ENTWICKLUNGERECHT LEHREN

Kinder entwickeln sich stetig weiter – physisch, sozial, kognitiv, emotional und sprachlich. Doch nicht alle Kinder entwickeln sich gleich schnell. Daran sollte man beim Planen denken, damit die Aktivitäten die Kinder individuell ansprechen und es ihnen ermöglichen, ihre Fähigkeiten in der zu ihnen passenden Geschwindigkeit zu entwickeln. Da es immer Ausnahmen geben wird und einige Kinder bestimmte Fähigkeiten früher oder später als andere entwickeln werden, ist Peer-to-Peer-Lernen, bei dem die Kinder ihre Fähigkeiten mit anderen teilen, eine gute Möglichkeit. Beispiele für Onlineressourcen zum Thema Entwicklung sind unter anderem Ontario (2008) und Teaching Strategies (2001).

Welche Aktivitäten angemessen sind, hängt vom Alter, den Interessen, der Entwicklung und den bisherigen Erfahrungen des Kindes ab. So kann zum Beispiel das Bestimmen von Blättern für eine Gruppe von Sechsjährigen angemessen sein, während für Dreijährige eher das Untersuchen von Blättern mit allen Sinnen geeignet ist.

Fragen zum Reflektieren

- Passen die Aktivität und der Inhalt zum Alter der Kinder? Zum Beispiel:
- physisch (in Bezug auf die erforderlichen grob- und feinmotorischen Fähigkeiten),
- sozial und emotional (in Bezug auf die erforderliche Teamfähigkeit/prosoziales Verhalten, Verantwortung für sich selbst und andere),
- kognitiv (Lernen und Problemlösen, konkretes vs. abstraktes Denken, Fähigkeit, symbolisch zu denken oder darzustellen),
- in Hinblick auf die sprachliche Entwicklung (Fähigkeit zu sprechen, zuzuhören, zu verstehen, zu lesen oder zu schreiben)?

VI.5 DAUER UND ANZAHL DER AKTIVITÄTEN

Auch wenn Sessions komplett kindgeführt ablaufen können, wird es sehr wahrscheinlich Momente geben, in denen Erwachsene eine geplante Aktivität wie etwa ein Spiel, eine Geschichte oder eine Aktivität erst erklären müssen. Beim Planen der Aktivitäten sollten Lehrende bedenken, dass sich Kinder im Allgemeinen nicht so lange konzentrieren können wie Erwachsene. Das Aufmerksamkeitsniveau von Kindern hängt von vielen Faktoren ab, zum Beispiel von der Aktivität, dem Alter, den individuellen Unterschieden, der Gruppengröße, der Tageszeit, der Umgebung und vielem mehr. Als allgemeine Richtlinie können fünf bis zwanzig Minuten als maximale Dauer für eine Aktivität (z. B. eine Geschichte) gelten, bei der die Kinder sitzen und zuhören (z. B. Neville, 2007). Wenn man eine Session plant, ist es hilfreich, dies zu berücksichtigen und ein Gleichgewicht herzustellen zwischen Aktivitäten, die mehr Aufmerksamkeit erfordern („Einatmen"), und solchen, die eine aktivere oder spielerische Komponente haben („Ausatmen") (in Anlehnung an die Waldorfpädagogik, z. B. Drąsutė und Umbrasaitė 2015 und Cornell 1979). Ein Beispiel wäre ein Sitzkreis, gefolgt von einer Aktivität, die Bewegung und kindgeführtes Spielen beinhaltet.

Fragen zum Reflektieren

- Wie kann diese Aktivität angepasst werden, um sicherzustellen, dass die Dauer dem Alter angemessen ist?
- Ändert sich die Art der Aktivität, z. B. erst sitzen, dann bewegen?
- Ist freies Spielen in die Session integriert?
- Ist die Anzahl der Aktivitäten dem Alter und der Dauer angemessen?
- Wie kann man sichergehen, dass die Session nicht zu viele Aktivitäten enthält und den Kindern Raum gibt, kreativ zu sein und die Session in eine andere Richtung zu lenken?

VI.6 GRUPPENZUSAMMENSTELLUNG

Bei der Gruppenzusammenstellung gibt es verschiedene Faktoren zu berücksichtigen. Im Folgenden wird vor allem auf zwei Hauptfaktoren eingegangen: die Anzahl der Kinder und das Verhältnis von Erwachsenen zu Kindern. Bei der Planung der Gruppengröße und des Erwachsenen-Kind-Verhältnisses sollten vor allem folgende Punkte berücksichtigt werden:

- Alter und Fähigkeiten der Gruppe
- Art der Aktivitäten
- Erfahrung der Erwachsenen
- Dauer und Art der Aktivität (wird man weit weg von Infrastruktur sein, z. B. von Straßen, Krankenhäusern usw.)
- Vorgaben der Institution/Organisation/Behörden usw.
- Umgebung (auf dem Schulgelände oder in den Wald gehen, auf Berge klettern usw.)
- Kapazität und Voraussetzungen des Ortes
- Bisherige Erfahrungen der Erwachsenen mit diesen Kindern
- Zusätzliche Unterstützung oder medizinische Bedürfnisse
- Anzahl der verfügbaren Werkzeuge oder Hilfsmittel
- Was passiert, wenn sich ein Kind verletzt?

Das richtige Verhältnis von Erwachsenen zu Kindern variiert. Eine angemessene Anzahl an Erwachsenen sorgt dafür, dass die Kinder sicher sind und die Erfahrung fördernd ist. Konzentrieren sich Erwachsene mehr auf die Leitung und die Organisation einer großen Gruppe als auf interaktive Lernerfahrungen, bedeutet das in der Regel, dass sie mehr Unterstützung benötigen. Beim KiP-Ansatz ist es wichtig, dass genügend Erwachsene dabei sind, um die Kinder zu fördern. Ein geeignetes Verhältnis von Erwachsenen zu Kindern kann mithilfe von Kolleginnen und Kollegen, Freiwilligen oder Eltern erreicht werden. Verlässt man für die Aktivitäten das Gelände (Kindergarten oder Schule) werden immer zwei Erwachsene benötigt.

Für kleinere Gruppengrößen sprechen vor allem folgende Punkte, die bei der KiP-Pädagogik wichtig sind:

- Raum für ruhigere Momente haben
- die Erfahrungen und Gedanken jedes Kindes hören können
- jedem Kind individuelle Aufmerksamkeit schenken
- eine lernfördernde Umgebung schaffen
- individuelle Lernerfahrungen ermöglichen
- Sicherheit für alle gewährleisten (auch im Fall eines Notfalls)

Die Anwendung des Prinzips „Beobachte und interagiere“ und das Lernen aus praktischen Erfahrungen kann dabei helfen, die Anzahl der Kinder pro Erwachsene zu ermitteln, damit ein ertragreiches, befriedigendes Verhältnis entsteht. Wenn es mehr Kinder sind, sollte man sich in zwei Gruppen teilen, um es jedem Lehrenden zu ermöglich, jedes Kind zu hören. Bei zwei Erwachsenen ist die ideale Gruppengröße, wenn man das Gelände verlässt (z. B. in den Wald):

- 6 bei 3-Jährigen
- 8 bei 4-Jährigen
- 12 bei 5–9-Jährigen
- 14 bei 9–12-Jährigen

Fragen zum Reflektieren

- Wie groß muss die Gruppe sein, damit soziale Interaktionen unter den Kindern möglich sind und gleichzeitig jedes Kind einzeln gehört und auf seine Bedürfnisse eingegangen werden kann?
- Falls es zu einem Notfall kommt und ein Erwachsener Erste Hilfe leistet oder im Krankenwagen mitfährt: Gibt es für die verbleibenden Kinder genug Betreuungspersonen?
- Wie kann das Verhältnis von Erwachsenen zu Kindern sicherstellen, dass alle die Session genießen, gefördert werden und voneinander lernen?

KAPITEL VII
TIPPS FÜR VERANSTALTUNGEN

Veranstaltungen so zu gestalten, dass sie Kinder und Erwachsene einbeziehen, ist wichtig, um Inklusion zu fördern und dafür zu sorgen, dass die Veranstaltung für alle so schön wie möglich ist. Dieses Kapitel enthält einige Ideen, wie man die ganze Gemeinschaft in eine Veranstaltung einbeziehen kann und wie Kinder in eine Veranstaltung involviert werden können, die sich hauptsächlich an Erwachsene richtet. Weitere Informationen und Ideen zur Bekanntmachung von Veranstaltungen oder eigener Projekte finden sich auf der Children-in-Permaculture-Webseite (Anhang „Inspiring others").

TIPPS FÜR SCHULEN ZUR EINBINDUNG EINER GRÖSSEREN GEMEINSCHAFT

- Die Gemeinschaft vor Ort kennenzulernen versuchen, auf die Bedürfnisse und Traditionen der Menschen achten und dies bei der Organisation berücksichtigen (z. B. unterschiedliche Religionen, körperliche Fähigkeiten oder Ernährungsgewohnheiten).
- Kinder, Eltern und andere wichtige Mitglieder der Gemeinschaft in die Organisation der Veranstaltung einbeziehen. Dadurch wird die Integration verschiedener Teile der Gemeinschaft einfacher, und da sie anderen vor und nach der Veranstaltung davon erzählen, wird die Botschaft weiterverbreitet. So könnten zum Beispiel ein:e Gartenbauer:in, ein Kirchenmitglied und ein:e Sportler:in eingeladen werden, gemeinsam eine Veranstaltung zu organisieren, die verschiedene Menschengruppen anzieht. Dies könnte dann einen Schneeballeffekt auslösen, wodurch sich zukünftig immer mehr Menschen beteiligen.
- Die Mitglieder der örtlichen Gemeinschaft dazu einladen, ihre Fähigkeiten aktiv mit den Kindern zu teilen, z. B. Gärtnern, Kochen, Stricken, Nähen, Reparieren, Schnitzen, Singen, Kunst und/oder Musik. Das kann auch regelmäßig passieren, z. B. jeden Freitagnachmittag.
- Regelmäßig (z. B. jährlich) größere Veranstaltungen organisieren, bei denen man sich begegnen kann, zum Beispiel eine Theateraufführung,

einen Gartenfrühjahrsputz oder ein Erntedankfest (z. B. mit Essen, Blumen oder Kräutern aus dem Garten).

- Den Kontakt mit der örtlichen Gemeinschaft herstellen, zum Beispiel mit einem Stand auf einem lokalen Markt, einem Artikel für einen lokalen Newsletter oder eine Lokalzeitung, einem Baumpflanztag oder einer Park-, Strand- oder Waldreinigungsaktion.
- Die örtliche Gemeinschaft an „Laufbussen", „Fahrradzügen" oder auf andere Art beteiligen, um Kinder zur Schule oder zum Kindergarten zu begleiten. Dabei macht sich eine Gruppe von Kindern zusammen mit einem oder mehreren Erwachsenen zu Fuß oder mit dem Fahrrad auf den Weg.
- Die örtliche Gemeinschaft auf das Schulgelände einladen, um neue Räume zu bauen oder zu schaffen, zum Beispiel einen neuen Garten, ein Klassenzimmer im Freien oder einen Folientunnel.
- Beim Organisieren von Projekttagen mit Kindern, Eltern und Lehrer:innen vorher klären, wie viele Erwachsene und Kinder teilnehmen werden und alles so planen, dass alle Arbeiten in maximal drei Stunden erledigt werden können, mit einer kleinen Pause und Zeit zum Feiern am Ende.

TIPPS FÜR DIE ORGANISATION VON KINDERFREUNDLICHEN VERANSTALTUNGEN

Bei der Organisation eines Permakultur-Treffens oder einer anderen Veranstaltung für Menschen aller Altersstufen ist es wichtig, sicherzugehen, dass Kinder in der Gesamtplanung bedacht werden. Auch hierzu ein paar Tipps.

Einen attraktiven Raum zum Forschen und Spielen im Freien schaffen. Idealerweise sollte dieser Bereich Folgendes aufweisen:

- Bäume (als Schutz, zum Klettern, zum Aufhängen von Gegenständen).
- Klare Grenzen (damit die Kinder wissen, ob sie sich innerhalb oder außerhalb des Kinderbereichs befinden).
- Einen Sitzbereich (z. B. ein Kreis aus Holzstämmen, in dessen Mitte man eine Feuerstelle anlegen könnte).
- Einen großen Unterstand (z. B. ein großes Zelt oder eine Jurte) für Aktivitäten, wenn es sehr heiß/nass ist.
- Einen Babybereich (z. B. eine kleine Jurte, in die Eltern ihre Babys oder Kleinkinder mitbringen können) mit weichen Kissen, Platz zum Windeln wechseln, Babybüchern, natürlichen Spielzeugen usw.

- Einen Bereich voll mit möglichen Spielsachen, idealerweise aus recycelten oder recycelbaren Materialien (z. B. Holz, Lehm, Papier, Pappkartons, Schubkarren, Töpfe, Pfannen, Holzlöffel usw.).
- Zuckerfreie Snacks (z. B. Brot, Früchte, Reiswaffeln, Karottensticks) und Getränke (Wasser, mit dem Kinder ihre Flaschen auffüllen können, und Obstsaft), die Tag und Nacht für junge Familien zur Verfügung stehen.
- Natürliche Gegenstände, die Kinder und Erwachsene zur Dekoration nutzen können, um den Bereich zu verschönern.
- Kinderfreundliche Toiletten (wo Kinder nicht mit den Erwachsenen Schlange stehen müssen), z. B. ein einfacher Pinkelbereich im Freien mit einer Plane, um die Privatsphäre zu wahren.
- Einen Bereich, in dem Eltern gebrauchte Spielsachen, Kleidung, Bücher und andere Gegenstände für Kinder austauschen können.

Verschiedene Erwachsene mit unterschiedlichen Rollen einbeziehen

- Erfahrene Erlebnispädagoginnen und -pädagogen, die den Gesetzen und Vorschriften des Landes zufolge auf Kinder aufpassen dürfen. Es sollte immer mindestens ein Erwachsener ein:e erfahrene:r Erlebnispädagog:in und vorzugsweise mit der KiP-Pädagogik vertraut sein. Dieses Team kann sich täglich während der Veranstaltung zum Check-in treffen, um den Plan für den Tag durchzugehen und Reflexionen zu den Kindern zu teilen.
- Eltern können einem Rotationsplan folgend helfen, zum Beispiel für eine Stunde pro Tag.
- Andere Menschen, die an der Veranstaltung teilnehmen, haben vielleicht auch nützliche/relevante Erfahrung, die sie im Kinderbereich anbieten und die entsprechend dem Prinzip „Integrieren, statt zu trennen" einbezogen werden können. Es sollte jedoch im Voraus eine Probe-Session vereinbart werden, bei denen sie die Leitung übernehmen (z. B. ein Puppenspiel- oder Musik-Workshop), um zu sehen, ob sich die Personen eignen.

Rechtzeitig mit der Organisation der Veranstaltung beginnen

- Ein System für Eltern einrichten, wo sie die zu betreuenden Kinder „anmelden" können und darauf achten, dass dabei auch alle nötigen Informationen über Allergien usw. gesammelt werden. Vielleicht muss abhängig von den jeweiligen Vorschriften oder Bestimmungen und der Erfahrung der Lehrenden ein Mindestalter der Kinder festgelegt werden. Ein Höchstalter ist nicht notwendig, denn Kinder, deren Eltern entscheiden, dass ihr Kind alt genug ist, den Kinderbereich ohne Erwachsene zu verlassen, können kommen und gehen, wie sie wollen.
- Alle Systeme im Kinderbereich rechtzeitig einrichten: Veranstaltungsort, Registrierung, Einsatzplan, Toiletten, Essen, flexibler Ablaufplan, Aktivitäten usw.
- Aktivitäten wie Geschichten, Spiele, Basteln, Feuer, Holzarbeit, Musik und/oder Kunst anbieten. Siehe Kapitel vier für Ideen.

Den Rest der Veranstaltung (außerhalb des Kinderbereichs) kinderfreundlich gestalten, indem

- Hauptmahlzeiten zu kinderfreundlichen Zeiten (z. B. 17 Uhr) und mit einem System angeboten werden, das es Kindern/Familien erlaubt, zuerst zu essen.

- sichergestellt wird, dass die Mahlzeiten milde, einfache und getrennte Nahrungsmittel beinhalten und es Kinderstühle gibt.
- ein „Campingbereich" für Familien geschaffen wird mit einem Feuer und/oder einem gemütlichen Sitzbereich in der Nähe (damit Eltern am Abend gesellig beisammen sein können und dennoch in der Nähe ihres Babys sind, um zu hören, wenn es aufwacht) und weit genug weg von lauter Musik am Abend (da Kinder oft um 19.00 Uhr ins Bett gehen).
- ein Bereich angeboten wird, in dem die Musik zwar zu hören, aber nicht zu laut ist und in dem sich Eltern und Kinder entspannen können.
- Falls während der Workshops, Vorträge usw. ein Baby schläft, stillere Möglichkeiten bedenken, Anerkennung zu zeigen, ohne zu klatschen (um es nicht zu wecken).

KAPITEL VIII

GEH HINAUS

Kinder, die heute aufwachsen, sehen sich einer unsicheren Zukunft mit bedeutenden Veränderungen in Bezug auf Klima, Wetterextreme, Ressourcen, Biodiversität und mehr gegenüber. Es ist eine Zeit, in der die Gesellschaft das Feedback der Erde aufnehmen und darauf reagieren muss. Sowohl Kinder als auch Lehrende können Teil der Lösung sein, indem sie mit der Natur in Verbindung treten und die ethischen Grundsätze und Prinzipien der Permakultur in die Bildung einbringen.

In diesem Handbuch wurde verschiedenen Bildungsaspekten mit Blick durch die „Permakulturbrille" nachgegangen, in der Hoffnung, Lehrende und Entscheidungsträger:innen zu inspirieren, die Nachhaltigkeit überall in diesem Bereich zu verbessern. Das Ziel des KiP-Ansatzes ist es, Lehrende und Kinder darin zu bestärken, widerstandsfähige Mitgestalter:innen und Praktiker:innen zu werden, indem sie in das Lernen eintauchen, Lerngrenzen ausloten, kalkulierte Risiken eingehen, auf Veränderungen reagieren und nachhaltige Lösungen finden, indem sie die Natur nachahmen. Wenn Kinder ihr eigenes Lernen gestalten, experimentieren, die Natur direkt erleben und anderen etwas beibringen können, können sie ein eigenes Verständnis der Welt entwickeln und auf diese Weise engagierter, selbstbewusster und selbstständiger werden.

Jetzt ist es an der Zeit, um hinauszugehen, die ethischen Grundsätze und Prinzipien der Permakultur in die Arbeit, die Schule, den Kindergarten und/oder das eigene Zuhause zu integrieren, Zeit in der Natur zu verbringen, Kindern die Führung zu überlassen, Schritt für Schritt alle Themen des KiP-Curriculums zu erforschen und zusammen viele unvergessliche Momente zu erleben.

GLOSSAR

Aktivität – eine bestimmte Aktion, die eine Person oder Gruppe durchführt, z. B. Bau eines Unterschlupfs, Samen säen, ein Spiel, eine Geschichte, ein Lied, Kunst, Basteln usw. Sie kann Bestandteil eines Sessionplans sein, der wiederum mehrere Aktivitäten enthalten kann, um den natürlichen Ablauf des Säens, Wachsens und Erntens zu schaffen und das ganzheitliche Kind anzusprechen.

Children in Permaculture (CiP) – europäisches Projekt, gefördert von Erasmus+ mit dem Ziel herauszufinden, wie Kindern am besten Permakultur beigebracht werden kann.

Curriculum – eine Liste an Themenbereichen mit Themen zur Vermittlung von Permakultur an Kinder.

Formale Bildung – Bildung, die im schulischen Rahmen stattfindet.

Gestaltungsmittel – physische und gedankliche Mittel, die verwendet werden, um jede Phase des Gestaltungsprozesses der Permakultur zu unterstützen z. B. Erstellen einer Karte oder Kundenbefragungen während der Beobachtungsphase.

Informelle Bildung – häusliche Bildung, egal, ob das Kind auch zur Schule geht oder nicht, kann durch Eltern, Großeltern, Erziehungsberechtigte, Betreuer:innen oder andere Familienmitglieder oder Mitglieder der Gemeinschaft geschehen.

kindbezogen – eine Herangehensweise, bei der die Interessen, das Wohlbefinden, die Ansichten und Bedürfnisse von Kindern zur obersten Priorität gemacht werden, das Kind in den Mittelpunkt gestellt wird.

kindgeführt – eine Herangehensweise, deren Fokus darauf liegt, Kindern zu ermöglichen, ihr Spiel, ihre Aktivitäten und/oder Projekte in eine von ihnen gewählte Richtung zu lenken.

Klassenzimmer im Freien – für Kinder gebaute Konstruktion, damit sie draußen lernen können; oft verfügt sie über Sitzplätze und hat ein Dach, aber keine Wände.

Lehrende – Menschen, die anderen etwas beibringen. In diesem Buch sind Lehrende Erwachsene, die an der Erziehung von Kindern in formaler, non-formaler und informeller Umgebung im schulischen und außerschulischen Rahmen beteiligt sind. Der Begriff bezieht sich also auf Erzieher:innen, Lehrer:innen, pädagogische Hilfskräfte an Schulen und Kindergärten, Schulleiter:innen, Eltern, Großeltern, Pflegeeltern, Menschen, die Kinder zu Hause unterrichten, Tagesmütter, Pfadfinderleiter:innen, Nachhilfelehrer:innen, Waldschulpädagoginnen und Waldschulpädagogen und alle die, denen ihre Rolle bei der Erziehung eines Kindes bewusst ist.

Non-formale Bildung – Bildung in einer außerschulischen Gruppe, wie Pfadfinder, Pfadfinderinnen, Woodcraft Folk, Freizeitvereine, Spielgruppen usw.

Permakultur – abgeleitet von den Wörtern „permanent" und „Kultur". Permakultur wird von Mollison als „harmonische Integration von Landschaft und Menschen, wodurch Nahrung, Energie, Unterkunft und andere materielle und nicht materielle Bedürfnisse auf nachhaltige Art und Weise beschafft und erfüllt werden" (1988, p. ix), definiert. Permakultur ist zu einer weltweiten Bewegung geworden und umfasst Handlungen zum nachhaltigen Leben.

Permakultur-Design – ist ein Prozess, durch den Menschen Systeme erschaffen können, die natürliche Muster imitieren und durch minimalen Aufwand einen maximalen Effekt erzielen. Zu den Permakultur-Designprozessen gehören unter anderem die aufmerksame Beobachtung sowohl von Menschen als auch der Landschaft, die Analyse der gesammelten Daten, das Fällen von Gestaltungsentscheidungen, das Planen der Umsetzung und das Schaffen von Systemen mit geringem Wartungsaufwand.

Prinzipien – Permakultur basiert auf Prinzipien, die von indigenen Völkern und durch die Erforschung der Natur gelernt wurden. Bill Mollison beschrieb zunächst fünf Einstellungsprinzipien im „Handbuch der Permakulturgestaltung" (1988). Später beschrieb David Holmgren in „Permaculture Principles and Pathways beyond Sustainability" (2002) 12 Prinzipien, die zu den meistzitierten Prinzipien der Permakultur wurden. In diesem Handbuch werden, wo angebracht, sowohl Mollisons als auch Holmgrens Prinzipien verwendet.

Ressourcen – Material, das verwendet werden kann, um Kindern Permakultur beizubringen, wie Bücher, Zeitschriften, Unterrichtspläne, Curricula, Videos, Webseiten und mehr.

Session – eine Zeiteinheit, die für eine bestimmte Aktivität oder Reihe von Aktivitäten geplant wurde. Eine Session kann Zeitabschnitte mit geplanten Aktivitäten und/oder Zeitabschnitte ohne geplante Aktivitäten (freies Spielen) beinhalten.

Sessionplan – Die Beschreibung des Plans eines/r Lehrenden für eine Session mit Kindern. Er enthält meist das Was, Wie, Wo und warum die Session durchgeführt wird. Ein KiP-Sessionplan folgt idealerweise dem natürlichen Ablauf des Säens, Wachsens und Erntens und spricht das Kind ganzheitlich an.

LITERATURVERZEICHNIS

ALDERSLOWE, L. AMUS, G., CIFARELLI, V., DESHAIES, D., DUMITRESCU, E., KASTELIC, L., PETRU, M. & VELEHRADSKA, T. (2016). *Survey of resources for engaging children in permaculture*. Abgerufen unter http://childreninpermaculture.com/resources/survey-of-resources/

ALEXANDER, R.J. (2001). *Culture and pedagogy: International comparisons in primary education*. Oxford and Boston: Blackwell.

BRUCE, T. (2012). *Early childhood practice: Froebel today*. London: Sage publications.

CLEMENTS, R. (2004). *An investigation of the state of outdoor play*. Contemporary Issues in Early Childhood, 5 (1), 68 – 80. Abgerufen unter: https://journals.sagepub.com/doi/abs/10.2304/ciec.2004.5.1.10

COLLADO, S., CORRALIZA, J., STAATS, H. & RUIZ, M. (2015). *Effect of frequency and mode of contact with nature on children's self-reported ecological behaviors*. Journal of Environmental Psychology 41 65-73.

CORNELL, J. (1979). *Sharing nature with children: A parents' and teachers' nature-awareness guidebook*. Nevada City, Canada: Dawn Publications.

CURIC, I. AND KINGA, K. (2017). *Mirabelle's Forest Garden*. Bucharest, Romania. Imagine Creatively.

DADVAND, P., NIEUWENHUIJSEN, M., ESNAOLA, M., FOMS, J., BASAGAÑA, X., ALVAREZ-PDREROL, M., RIVAS, I., LÓPEZ-VICENTE, M., DE CASTRO PASCUAL, M., SU, J., JERRETT, M., QUEROL, X. & SUNYER, J. (2015). *Green spaces and cognitive development in primary schoolchildren*. PNAS, 112(26), 7937–7942. Abgerufen unter: http://www.pnas.org/content/112/26/7937.abstract

DANIŠ, P. (2016). *Děti venku v přírodě: ohrožený druh?* Tereza: Praha. (Translation is: *"Children outdoors in nature: endangered species?"*). Abgerufen unter: http://www.msdubovice.cz/UserFiles/Deti_venku_v_prirode_2016_web.pdf

DEPARTMENT FOR CHILDREN, SCHOOLS AND FAMILIES (2008). *Every Child a Talker: Guidance for Early Language Lead Practitioners*. Crown copyright. Nottingham, DCSF publications. Abgerufen unter https://www.foundationyears.org.uk/wp-content/uploads/2011/10/ecat_guidance_for_practitioners_12.pdf

DESHAIES D., HALAICU S., ZAMBET M. & ALEXA M., (2015). *Neohumanist Education Curriculum for Early Childhood.* Bucharest, Romania: Asociatia Educatiei Neoumanista.

DRĄSUTĖ, V. AND UMBRASAITĖ, R. (2015). *Learning that grows with the learner: Following Waldorf education in kindergarten "under the sun".* International conference: The future of education 5th edition, Florence, Italy 11-12th June 2015.

EDWARDS, C., GANDINI, G., & FORMAN G. (1998). *Hundred languages of children: The Reggio Emilia approach to early childhood education.* (2nd ed.). Greenwich, CT: Ablex.

FORMIDABLE VEGETABLE SOUND SYSTEM (2013). *Permaculture a Rhymer's manual.* Fremantle, Western Australia: Charlie Mgee. http://formidablevegetable.com.au/

HIGGINS, P (2001). *Learning outdoors: Encounters with complexity.* European Institute for Outdoor Adventure Education and Experiential Learning. Abgerufen unter http://citeseerx.ist.psu.edu/viewdoc/download?doi=10.1.1.200.7239&rep=rep1&type=pdf#page=89
http://www.docs.hss.ed.ac.uk/education/outdoored/higgins_encounters_with_complexity.pdf

HINDS, J., & SPARKS, P. (2008). *Engaging with the natural environment: The role of affective connection and identity.* Journal of Environmental Psychology, 28, 109-120. Abgerufen unter http://www.sciencedirect.com/science/article/pii/S0272494407000953?via%3Dihub

HOLLAND, C. (2009). *I love my world: The playful, hands-on nature connection guidebook.* Otterton, England: Wholeland Press.

HOLMGREN, D. (2002). *Permaculture: Principles & pathways beyond sustainability.* Hampshire, UK: Permanent Publications.

Deutsche Ausgabe erhältlich:
HOLMGREN, D. (2018). *Permakultur: Gestaltungsprinzipien für zukunftsfähige Lebensweisen*: Drachen Verlag GmbH.

HOLZER, S. (2011). *Desert of paradise: Restoring endangered landscapes using water management, including lake and pond construction.* Hampshire, UK: Permanent publications.

Deutsche Ausgabe erhältlich:
HOLZER, S. (2013). *Wüste oder Paradies: Von der Renaturierung bedrohter Landschaften über Aqua-Kultur und Biotop-Aufbau bis zum Urban Gardening*: Stocker Leopold Verlag.

KELLER, H. (1905) [Copyright 1904]. *The Story of My Life by Helen Keller [Letter to Rev. Phillips Brooks dated June 8, 1891].* New York: Grosset & Dunlap.

Deutsche Ausgabe erhältlich:
KELLER, H. (2021). *Die Geschichte meines Lebens:* Alpha Editions.

Larson, L. R., Green, G. T. & Cordell, H. K. (2011). *Children's time outdoors: Results and implications of the national kids survey.* Journal of Park and Recreation Administration, 29 (2), 1–20. Abgerufen unter: http://www.srs.fs.usda.gov/pubs/ja/2011/ja_2011_larson_001.pdf
https://www.researchgate.net/publication/258272055_Children%27s_time_outdoors_Results_and_implications_of_the_National_Kids_Survey

London SDC (Sustainable Development Commission) (2011). *Sowing the seeds: Reconnecting London's children with nature.* Greater London Authority. Abgerufen unter http://www.londonsdc.org.uk/documents/Sowing%20the%20Seeds%20-%20Full%20Report.pdf
https://www.london.gov.uk/sites/default/files/lsdc_-_sowing_the_seeds_-_executive_summary_2011.pdf

Louv, R. (2005). *Last child in the woods: Saving our children from nature-deficit disorder.* Chapel Hill, NC, USA: Algonquin Books of Chapel Hill.

Manitonquat (Medicine Story) (2015). *The Joy of Caring for Children in The Circle Way: It Takes a Child to Raise a Village.* Greenville, NH, USA: Story Stone Publishing.

Max-Neef, M. (1992). *Real-life economics: Understanding wealth creation.* Routledge, London, pp. 197-213. Abgerufen unter http://alastairmcintosh.com/general/resources/2007-Manfred-Max-Neef-Fundamental-Human-Needs.pdf

Meller, H. (1990). *Patrick Geddes: Social evolutionist and city planner.* London, UK: Routledge.

Mollison, Bill (1988). *Permaculture: A designer's manual.* Tasmania, Australia: Tagari Publications

Deutsche Ausgabe erhältlich:
Mollison, Bill (1988). *Handbuch der Permakultur-Gestaltung*: Therapiegarten GmbH

Nature England (2009). *Childhood and nature: a survey on changing relationships with nature across generations.* Abgerufen unter http://publications.naturalengland.org.uk/publication/5853658314964992

Neville, H.F. (2007). *Is This A Phase: Child Development & Parent Strategies, Birth to 6 Years.* Seattle, Washington, USA: Parenting Press, Inc.

Nuttall, C. and Millington, J. (2008). *Outdoor classrooms: A handbook for school gardens.* Hampshire, UK: Permanent Publications.

Ontario (2007). Early learning for every child today: A framework for Ontario early childhood settings. Toronto: Ministry of Children and Youth Services. Abgerufen unter https://childcarecanada.org/documents/research-policy-practice/07/06/early-learning-every-child-today-framework-ontario-early

Parenting Counts (2018). *Developmental timeline.* Talaris Institute. Abgerufen unter: https://www.parentingcounts.org/developmental-timeline/

Permaculture Association (2018). *Permaculture Principles: Use small and slow solutions.* Abgerufen unter: https://www.permaculture.org.uk/principle/9-use-small-and-slow-solutions

Rose, C. & Nicholl, M. (1997). *Accelerated learning for the 21st century: The six-step plan to unlock your mastermind.* New York, USA: Dell Publishing.

Shapla, R. (2014). *Kurent: A journal of permaculture for children, parents and educators.* Issue 2. Winter 2014. Self-published.

Siraj-Blatchford, I., Sylva, K., Muttock, S., Gilden, R. & Bell, D. (2002). *Researching effective pedagogy in the early years.* (Research Report No. 356). London: Department for Education.

Sobel, D. (1996). *Beyond ecophobia: Reclaiming the heart in nature education.* Great Barrington, MA, USA: The Orion Society and the Myrin Institute.

Taylor, A. F., Wiley, A., Kuo, F. E., & Sullivan, W. C. (1998). *Growing up in the inner city: Green spaces as places to grow.* Environment and Behavior, 30(1), 3-27. Abgerufen unter: https://journals.sagepub.com/doi/abs/10.1177/0013916598301001

Teaching Strategies, Inc. (2001). *The Creative Curriculum: Developmental Continuum for Ages 3-5.* Abgerufen unter: http://www.haddonfield.k12.nj.us/dev-cont.pdf https://wvde.state.wv.us/osp/CreativeCurriculumContinuum.pdf

Waite, S., Passy, R., Gilchrist, M., Hunt, A. & Blackwell, I. (2016). *Natural connections demonstration project, 2012-2016: Final Report.* Natural England Commissioned Reports, Number 215.

Wall, S., Litjens, I. and Taguma, M. (2015). *Early childhood education and care Pedagogy review.* England. OECD.

Wells, N. M., & Lekies, K. S. (2006). *Nature and the life course: Pathways from childhood nature experiences to adult environmentalism.* Children, Youth and Environments, 16(1). Abgerufen unter: http://www.jstor.org/stable/10.7721/chilyoutenvi.16.1.0001?seq=1#page_scan_tab_contents

ÜBER DIE AUTORINNEN

LUSI ALDERSLOWE bringt Kindern in Schottland bereits seit 2005 in formeller, non-formaler und informeller Umgebung Permakultur näher. Als Dozentin für das International Permaculture Diploma und Permakultur-Lehrerin hat sie Schüler:innen in ganz Europa. Lusi war Mitbegründerin und Leiterin einer einzigartigen Outdoor-Spielgruppe und einer außerschulischen Waldschulgruppe. Sie ist zweifache Mutter, Waldschulleiterin, Humanökologin sowie Mitbegründerin und Koordinatorin des Projekts „Children in Permaculture" für die Permaculture Association und Gatehouse School.

GAYE AMUS ist eine Umweltpädagogin, spezialisiert auf die frühkindliche Erziehung, und wohnt in Helsinki, Finnland. Sie hat 12 Jahre in Kindergärten, unter anderem im Naturkindergarten „Rain or Shine" in Finnland, gearbeitet. Im Moment bildet sie international Lehrende aus, hält Vorträge auf Konferenzen und führt Seminare und Beratungen zu Naturpädagogik und Outdoor Education durch. 2015 initiierte Gaye Waldschulen- und Wald-Kindergärten-Leader-Weiterbildungen, die Naturbewegung für Kindergärten und Grundschulen in der Türkei. Sie ist Wegbereiterin und Mitbegründerin des Projekts „Children in Permaculture".

DIDI A. DEVAPRIYA (alias Denise Deshaies oder einfach nur „Didi") ist Leiterin und internationale Ausbilderin der neohumanistischen Bildungsbewegung, deren Ziel es ist, schon früh eine ökologische, inklusive und mitfühlende Weltsicht zu fördern. Seit 2001 leitet sie Kindergärten, Vorschulen und außerschulische Programme und erarbeitete für Rumänien den neohumanistischen Bildungslehrplan für Kleinkinder. Didi hat zahlreiche Artikel verfasst und reist, um Lehrende in den Niederlanden, den USA, im Libanon, in Australien, Italien sowie in Rumänien, wo sie seit 2005 wohnt, auszubilden. Sie ist außerdem ein Gründungsmitglied der Asociatia Educatiei Neoumaniste in Rumänien.

ÜBER DIE BEITRAGENDEN

CHARLENE CHESNIER ist eine französische Illustratorin und Animationsfilmemacherin, die ihr Talent Projekten über Nachhaltigkeit widmet. http://cchesnier.wixsite.com/charlytamalou

VALENTINA CIFARELLI kommt aus Italien und brennt für Permakultur für Kinder und junge Menschen. Sie coacht zu dem Thema „echte Berufung" und begeistert sich für natürliches Imkern, Mutterschaft und das Leben in einer Gemeinschaft.

CRINA CRANTA ist Lehrerin, kreative Träumerin, zweifache Mutter und Koordinatorin eines Gemeinschaftsgartens in Rumänien.

CECILIA FURLAN lebt und arbeitet in Wohnprojekten in der Schweiz. In ihren Gärten, beim Backen und in der Erziehung wendet sie die ethischen Grundsätze der Permakultur und ihre Prinzipien an.

TOMISLAV GJERKEŠ ist ein slowenischer Permakultur-Gestalter und -Lehrer. Zusammen mit Schulen gestaltet und baut er Lernräume im Freien und integriert Permakultur in ihren Alltag.

ADÉLA HRUBÁ ist eine tschechische Permakultur-Gestalterin und -Lehrerin. Sie arbeitet mit Kindern, Lehrenden, Eltern und Mitgliedern der örtlichen Gemeinschaft, um an Kindergärten und Schulen Lernräume im Freien zu gestalten und zu schaffen.

LARA KASTELIC aus Slowenien ist eine Biologin, die sich für Lebensstile interessiert, die die Menschen und Natur tragen können. Sie begeistert sich für soziale Instrumente, das Leben in der Gemeinschaft und die Vermittlung von Permakultur an Kinder, Jugendliche und Erwachsene.

LERRYN KORDA ist eine professionelle Illustratorin und Autorin von Kinderbüchern mit Hauptwohnsitz im Vereinigten Königreich. http://www.lerrynkorda.com

TEREZA VELEHRADSKA unterrichtet Umweltbildung für Kinder und leitet Projekte, die in Verbindung mit Permakultur stehen. Sie arbeitet als Beraterin für das internationale Programm „Eco-schools" in der Tschechischen Republik.

KONTAKTE

Das Buch basiert auf dem Projekt „Children in Permaculture“. Mehr darüber findet sich unter: www.childreninpermaculture.com
Kontakt und Informationen zum Projekt-Team für die Buchübersetzung im deutschen Sprachraum findet sich unter: www.kinderinderpermakultur.org
Das Übersetzungsprojekt wurde unterstützt durch:

Verein Permakultur Schweiz,
http://permakultur.ch

Bioterra Gartenkind,
https://www.bioterra.ch

Stiftung VISIO-Permacultura,
https://visio-permacultura.ch